AGRADECIMENTOS

Em primeiro lugar, agradeço a Jesus Cristo, meu Senhor e Salvador, por Sua graça infinita e por me mostrar o verdadeiro caminho do amor e do propósito. Sem Sua luz e orientação, este livro não teria sido possível.

À minha querida esposa Roberta, meu porto seguro, que, com seu amor incondicional e apoio constante, me inspira a ser melhor a cada dia. Sua presença em minha vida é um presente inestimável, e sou eternamente grato por tudo que você faz e representa.

Ao meu amado filho Joe, cuja alegria, curiosidade e energia me lembram diariamente da beleza e da simplicidade de viver com propósito. Você é minha inspiração constante para continuar buscando o melhor.

À minha mãe Regina, pela sabedoria, força e amor inabaláveis que sempre me guiaram e apoiaram em todas as fases da minha vida. Sua fé em mim é um dos pilares que sustentam minhas realizações.

Ao meu irmão Marcelo, cuja amizade e companheirismo têm sido fundamentais ao longo de nossa jornada. Obrigado por estar sempre ao meu lado, compartilhando risos, lágrimas e momentos inesquecíveis.

À minha tia Marcélia e Maju, por seu carinho, apoio e incentivo constantes. Vocês têm sido uma fonte de força e motivação em minha vida.

À minha vó Lia, por seu amor e dedicação, que sempre iluminaram meu caminho. Suas palavras e gestos de carinho são eternamente apreciados e lembrados.

Ao meu pai Jorge, por ter me ajudado em minha formação escolar, proporcionando as bases sólidas que me permitiram crescer e alcançar meus objetivos.

Aos amigos, irmãos e colegas da Toque do Céu Church, pela caminhada em fé, por suas orações e envolvimentos em tantas ações desbravadoras em benefício de pessoas que necessitavam de algo, desde um sorriso, suporte espiritual e emocional, alimentos e até mesmo na construção de lares para aqueles que se encontravam em situação de extrema vulnerabilidade social.

Agradeço também a todos os meus pacientes e participantes do Programa Reconstruindo Histórias, por confiarem em mim e permitirem que eu faça parte de suas jornadas de transformação. Vocês me inspiram diariamente e me lembram do verdadeiro propósito do meu trabalho.

Por fim, agradeço aos leitores deste livro, por embarcarem nesta jornada comigo. Que as palavras aqui contidas possam inspirar e guiar cada um de vocês em suas próprias buscas por propósito e significado.

Com todo o meu amor e gratidão,

Jorge Coelho

COM PROPÓSITO DE PROPÓSITO E PARA UM PROPÓSITO

SENDO QUEM VOCÊ NASCEU PARA SER

JORGE COELHO

Literare Books
INTERNATIONAL
BRASIL · EUROPA · USA · JAPÃO

Presidente do conselho:
Maurício Sita

Presidente:
Alessandra Ksenhuck

Vice-presidentes:
Cláudia Pires e Julyana Rosa

Diretora de projetos:
Gleide Santos

Capa, projeto gráfico e diagramação:
Gabriel Uchima

Revisão:
Ivani Rezende

Impressão:
Gráfica Paym

Dados Internacionais de Catalogação na Publicação (CIP)
(eDOC BRASIL, Belo Horizonte/MG)

C672c Coelho, Jorge.
Com propósito, de propósito e para um propósito: sendo quem você nasceu para ser / Jorge Coelho. – São Paulo, SP: Literare Books International, 2024.
136 p. : 14 x 21 cm

ISBN 978-65-5922-886-7

1. Autoconhecimento. 2. Propósitos – Aspectos psicológicos. 3. Técnicas de autoajuda. I. Título.
CDD 158.1

Elaborado por Maurício Amormino Júnior – CRB6/2422

Literare Books International.
Alameda dos Guatás, 102 – Saúde– São Paulo, SP.
CEP 04053-040
Fone: +55 (0**11) 2659-0968
site: www.literarebooks.com.br
e-mail: literare@literarebooks.com.br

FSC
www.fsc.org
MISTO
Papel produzido a partir de fontes responsáveis
FSC® C133282

COM PROPÓSITO DE PROPÓSITO E PARA UM PROPÓSITO

SENDO QUEM VOCÊ NASCEU PARA SER

JORGE COELHO

PREFÁCIO

Descobrir e viver seu propósito de vida é embarcar em uma jornada extraordinária, uma dança com a alma, um caminho repleto de beleza e mistério. É uma busca por algo maior que você, uma busca por uma voz que ecoa com suas verdadeiras paixões e valores mais íntimos.

Imagine acordar com os primeiros raios de sol, uma energia renovada fluindo através de você, clareza em seus pensamentos, certeza em seu coração. Saber que cada escolha está alinhada com seu propósito desenha uma trilha luminosa diante de seus passos.

Imagine uma vida em que suas ações refletem a melodia de seus sonhos mais profundos, em que cada decisão é uma nota harmoniosa que compõe uma sinfonia de significado.

Imagine dançar com o vento, livre de arrependimentos, seguindo o chamado do seu coração em direção a horizontes desconhecidos, mas cheios de promessas.

Imagine se cercar de pessoas que, assim como você, vivem inspiradas por suas próprias buscas. Juntos, podendo criar um mosaico de histórias entrelaçadas pelo propósito.

Seu propósito é único, uma chama que só você pode acender. É o encontro entre suas paixões, dons e as causas que o fazem vibrar. Encontrá-lo pode levá-lo a caminhos desconhecidos, desafiá-lo a sonhar alto e viver intensamente.

Imagine explorar os confins da sua essência, a chama do desejo ardendo em seu peito, impulsionando-o a se aventurar por novas possibilidades.

Imagine olhar para trás com satisfação para cada momento vivido com intenção, cada sonho perseguido com coragem, cada escolha feita com o coração.

Imagine um dia despertar com a certeza de que você escolheu viver de forma plena, alinhado com sua essência, em sintonia com o universo.

O que poderia ser mais empolgante do que saber que você está esculpindo uma vida com significado? Viver seu propósito pode trazer uma satisfação que transborda, uma plenitude que colore cada instante.

Imagine compartilhar sua jornada com o mundo, um farol que ilumina caminhos para aqueles que também buscam sua própria verdade.

Imagine o impacto de suas escolhas ecoando pelas gerações, seu legado moldado por sua determinação de viver com propósito.

Quando você busca seu propósito, não apenas descobre sua própria essência, mas também inspira os outros a buscarem a deles. Sua paixão e energia ressoam em quem o cerca, criando um fluxo de inspiração.

A jornada por seu propósito pode ter desafios, mas cada passo o aproxima mais de sua verdadeira essência. Quando você encontra seu propósito, tudo ganha uma nova dimensão.

Suas ações se tornam mais intencionais, suas relações mais profundas e sua vida mais vibrante.

Imagine sua vida como um poema, com cada verso entrelaçado pelo significado, cada estrofe repleta de experiências autênticas.

Então, decida embarcar nessa jornada de descoberta e viva seu propósito com intensidade. Desperte para a vida com os olhos brilhando de entusiasmo e o coração cheio de coragem. Deixe a poesia de sua alma guiar sua jornada. Vá em frente, e encontre seu propósito de vida!

INTRODUÇÃO

Em seu aniversário de 68 anos, Tales M. teve um dos maiores encontros de sua vida. Ele passou a vida inteira evitando e se esquivando. Na realidade, ele não tinha mais como fugir ou até mesmo mais tempo para escapar. Ao acordar e ver uma grande faixa em sua sala desejando "Feliz Aniversário James – 68 anos", colocada por sua esposa Kelly, ele realizou em milésimos de segundos uma retrospectiva de sua vida inteira e se encontrou consigo mesmo.

O maior detalhe de tudo foi que ele não tinha como encobrir a grande verdade de que ele não tinha vivido a sua vida da melhor forma. Aos 68 anos, ao olhar para trás e vendo sua linha do tempo, logo identificou que não viveu uma vida plena, uma vida que tinha valido a pena. Percebeu que gastou muito tempo com o que não deveria e não valia tanto. E que o seu bem mais valioso (o tempo) não havia sido entregue de forma certa às pessoas, lugares e situações para as quais ele deveria ter vivido.

Ainda olhando para a faixa, mas não a vendo mais, sussurrou: "O que eu fiz com minha vida?!". Infelizmente, James viveu uma vida sem propósito e sem sentido. Talvez, nesse momento, você deve tê-lo imaginado com uma vida entregue ao álcool, às drogas e à promiscuidade, gastando o seu dinheiro com tudo que não vale a pena. E, apesar de você estar bem certo de que uma vida dessas não tem propósito, James F. vivia uma vida "normal". Trabalhou desde cedo, casou, teve filhos, já tinha netos, frequentava uma igreja. Contudo, não viveu o que era para ele viver!

"CONTUDO, NÃO VIVEU O QUE ERA PARA ELE VIVER!"

Essa é a realidade de inúmeras pessoas e ainda pode estar sendo a sua realidade. Ou, ainda pior, pois, diferentemente de James F., que não havia se dado conta de nada até aquele dia fatídico, você pode estar em uma luta desenfreada consigo mesmo. De fato, você tem consciência de seu potencial e entende que pode fazer muito mais do que faz hoje em dia. Você tem sentido que algo tem impedido você de crescer, de florescer e se tornar tudo o que você nasceu e foi criado para ser.

Acredito que, se houvesse um encontro de James F. ou algum de nós mesmo com Viktor Frankl, certamente ele nos diria que:

"QUANDO UMA PESSOA NÃO CONSEGUE ENCONTRAR UM SENTIDO PROFUNDO DO SEU SIGNIFICADO, SE DISTRAI COM O PRAZER".

Além de psiquiatra, sobrevivente do holocausto e fundador da logoterapia, Viktor Frankl defendeu que a busca por sentido na vida é uma das mais sábias escolhas e um dos mais importantes desafios de qualquer ser humano.

Você já parou para pensar como facilmente, e por quantas vezes, você já se ludibriou com ilusões da vida, como paixões, desejos, vontades e prazeres, e com elas, em tanta estima e foco, deixou de viver o que deveria ter vivido?

O propósito deste livro nada mais é que dar a você a oportunidade, o conhecimento e as ferramentas certas para que você não chegue ao final de sua vida, olhe para trás e tenha a mesma experiência que James F. vivenciou. Quero que entenda que acredito, mais do que tudo, que qualquer pessoa, em qualquer idade, pode e deve recomeçar sua vida ou reconstruir sua história; todavia posso dizer a vocês que, ao chegar a certa idade e saber que não tem mais tempo suficiente para viver o que você deveria ter vivido, gera uma grande dor e sentimento de frustração.

Você está preparado para iniciar uma jornada de descobertas em sua vida? Descobrir o seu propósito de vida e o sentido da sua existência vai simplesmente dar brilho em seus olhos. Levar você a viver uma vida cheia de esperança e fé vai fazer você acordar todas as segundas-feiras com o mesmo ânimo que você termina sexta para iniciar seu fim de semana. E, ao final de tudo, você vai poder olhar para sua linha do tempo e dizer: "Cumpri o meu propósito, acabei minha carreira e guardei a minha fé".

Neste livro, você encontrará um conteúdo associado a experiências, mas também exercícios práticos que levarão você a realizar uma grande viagem interior em busca de si.

Boa viagem! Boa jornada! E um excelente propósito!

Jorge Coelho

1

O PROPÓSITO DE VIDA: UMA VISÃO PSICOLÓGICA

O propósito de vida é um tema intrinsecamente humano, profundamente enraizado na busca pela significância e sentido da existência. Na psicologia, essa questão é amplamente explorada, mergulhando nas profundezas da mente humana para compreendermos melhor o que impulsiona as pessoas a encontrar significado em suas vidas. Viktor Frankl, renomado psiquiatra e sobrevivente do holocausto, foi um dos pioneiros a abordar essa temática, deixando um legado duradouro com sua obra *Em busca de sentido*. Neste texto, vamos explorar o conceito de propósito de vida sob uma perspectiva psicológica, incorporando *insights* de Frankl e de outros psicólogos proeminentes.

Para entendermos o propósito de vida, é fundamental compreendermos a natureza humana e suas motivações subjacentes. O psicólogo Abraham Maslow desenvolveu a Teoria da Hierarquia das Necessidades, que sugere que as pessoas são impulsionadas por uma hierarquia de necessidades, desde as básicas, como alimentação e abrigo, até as mais elevadas, como autorrealização e transcendência. Dentro deste contexto, o propósito de vida emerge como uma busca pela autorrealização, um desejo de alcançar todo o nosso potencial e encontrar significado na existência.

"VOCÊ JÁ INICIOU ESSA BUSCA DE FORMA CONSCIENTE E INTENCIONAL?"

Viktor Frankl, em sua obra *Em busca de sentido*, propôs que o propósito de vida é encontrado na busca por significado, mesmo nas circunstâncias mais adversas. Como sobrevivente do holocausto, Frankl testemunhou em primeira mão a resiliência do espírito humano diante da tragédia. Ele argumentou que "mesmo quando confrontados com o sofrimento inimaginável, podemos encontrar significado em nossas vidas ao escolhermos nossa atitude diante das circunstâncias e ao perseguirmos valores mais elevados".

Em sua obra, Frankl escreve: "Quando não somos capazes de mudar uma situação, somos desafiados a mudar a nós mesmos". Essa ideia fundamental ressalta a importância do ser humano na criação de significado. Mesmo diante de desafios aparentemente insuperáveis, ainda temos o poder de escolher nossa resposta. Essa capacidade de encontrar significado em meio ao sofrimento é exemplificada por Frankl em sua própria experiência nos campos de concentração, onde ele encontrou propósito ao ajudar outros prisioneiros e ao manter viva sua esperança por um futuro melhor.

"QUANDO NÃO SOMOS CAPAZES DE MUDAR UMA SITUAÇÃO, SOMOS DESAFIADOS A MUDAR A NÓS MESMOS."

Além de Frankl, outros psicólogos contribuíram significativamente para a compreensão do propósito de vida. Carl Rogers, por exemplo, enfatizou a importância da autenticidade e da autorrealização na busca pelo significado. Ele argumentou que o propósito de vida surge quando nos sintonizamos com nossos valores e necessidades mais profundas, permitindo-nos viver de forma autêntica e congruente com quem realmente somos.

Da mesma forma, Erich Fromm explorou o conceito de propósito de vida, em sua obra *O medo à liberdade*, sugerindo que o verdadeiro significado é encontrado na interconexão com os outros e com o mundo ao nosso redor. Ele destacou a importância de transcender o egoísmo e encontrar propósito no serviço aos outros e na contribuição para o bem-estar coletivo.

Exemplos falam mais do que palavras! Lembro-me bem de quando fazia trabalho voluntário em uma das comunidades mais pobres e perigosas de Fortaleza. Em um dia em que nada ia bem na minha vida e não sabia o que oferecer para aquele povo, entrei em um beco onde o esgoto passava ao ar livre. Duas criancinhas brincavam no chão sujo de piçarra, ao lado do córrego de esgoto. Uma delas brincava com uma boneca sem cabeça, e o outro menino, com um caminhão sem rodas. Olharam para mim, riram, levantaram-se, correram e abraçaram minhas pernas, cada um uma! Naquele momento, esqueci de todos os problemas que haviam consumido minha mente e fiz tudo o que deveria com o meu melhor! O propósito de ajudar aquela comunidade tomou conta do meu coração e me deu vida novamente. Pode parecer brincadeira, mas, ao final do dia, todos os meus problemas haviam sido solucionados!

Ao examinarmos essas diferentes perspectivas, torna-se evidente que o propósito de vida é uma jornada individual e única para cada pessoa. Não há uma resposta definitiva ou universal para essa questão; em vez disso, cada indivíduo deve explorar suas próprias paixões, valores e experiências para descobrir o que dá significado à sua vida.

No entanto, encontrar propósito de vida nem sempre é uma tarefa fácil. Muitas pessoas lutam para identificar seus valores e paixões ou se sentem perdidas em meio a escolhas e expectativas conflitantes. Nesses momentos, a psicoterapia pode ser uma ferramenta valiosa para explorar questões existenciais e encontrar clareza sobre o propósito de vida.

> "A PSICOTERAPIA CONSISTE EM UMA VIAGEM INTERIOR EM SI MESMO, GUIADA POR ALGUÉM (PSICÓLOGO) QUE O VÊ DE FORA E SE COLOCA EM SEU LUGAR."
> (JORGE COELHO)

Um terapeuta qualificado pode ajudar os clientes a examinarem suas crenças e valores, identificarem padrões de comportamento que podem estar impedindo seu crescimento e explorarem novas formas de encontrar significado e propósito em suas vidas. Baseado nos princípios de Rogers, a terapia surte efeito, pois enfatiza a importância de aceitar e entender as experiências do cliente sem julgamento, criando um espaço seguro para a autoexploração e crescimento pessoal.

Vale salientar que o propósito de vida é uma jornada contínua de descoberta e crescimento. À medida que navegamos pelas complexidades da existência humana, é importante lembrarmos que o significado não é algo que encontramos pronto e acabado, mas, sim, algo que construímos ao longo do tempo, por meio de nossas escolhas, relacionamentos e experiências. Como Viktor Frankl escreveu: "O sentido da vida é dar sentido à vida".

Gosto muito de afirmar que há mais sentido na jornada da vida que no próprio fim dela. Jamais estaria vivenciando, hoje, minha família, ser psicólogo, pastor de uma igreja, ser pai, ter a clínica de psicologia "Reconstruindo Histórias", sem ter vivenciado cada específico dia como se fosse único. Por muitas vezes, também, não entendi o que estava passando ou vivendo, contudo, se me fizesse preso naquele fato específico, estaria vivendo nada parecido do que vivo hoje. O propósito de vida está em viver de forma consciente, intensa e esperançosa cada minuto da vida.

> "O PROPÓSITO DE VIDA ESTÁ EM VIVER DE FORMA CONSCIENTE, INTENSA E ESPERANÇOSA CADA MINUTO DA VIDA."
> (JORGE COELHO)

Em conclusão, o propósito de vida é uma questão fundamental na psicologia, que nos convida a explorar o significado e a significância de nossa existência. Inspirados por psicólogos como Viktor Frankl, podemos aprender que o propósito de vida não é encontrado em circunstâncias externas, mas, sim, dentro de nós mesmos, por meio da nossa busca por valores e significado. Ao nos comprometermos com essa jornada de autodescoberta, podemos encontrar uma profunda sensação de realização e propósito em nossas vidas.

2

ROMPENDO BARREIRAS: A JORNADA DO PROPÓSITO DE VIDA

A busca pelo propósito de vida muitas vezes envolve a necessidade de romper barreiras internas e externas que nos impedem de alcançar nosso pleno potencial. Nesta jornada, a psicologia desempenha um papel fundamental, oferecendo *insights* e ferramentas para enfrentarmos esses desafios e encontrarmos significado em nossas vidas. Qual a interseção entre romper barreiras, propósito de vida e psicologia? Quero ajudar você a entender como superar obstáculos pode nos levar a uma maior realização pessoal e sentido existencial.

Talvez você não tenha passado por isso, mas, alguns anos antes do início de minha adolescência, sofri uma forte rejeição de colegas de sala de aula do colégio em que estudei. Naquele tempo, ainda não havia se disseminado o termo *bullying*, que significa atos de agressão e intimidação de forma repetitiva contra alguém que não é aceito em um grupo social. A verdade é que eu era bem "gordinho"! Em resumo, eu me tornei um garoto que andava de cabeça baixa, com passos rápidos, sem olhar nos olhos de qualquer pessoa e que sempre andava encostado pelas paredes, esperando, a qualquer momento, que alguém "zoasse" ou "tirasse onda" comigo.

Chegou o momento em que eu não conseguia mais lidar com tudo isso e que vi minha própria vida sendo consumida por outras pessoas, e, na realidade, compreendi que eu mesmo era o responsável por permitir que tudo aquilo acontecesse. Enquanto não havia compreendido que não poderia mudar o comportamento das pessoas e que somente a respeito da minha própria vida teria o controle – eu não mudei. Parafraseando Jean-Paul Sartre, não importa o que fizeram com você, o que realmente importa é o que você faz com o que fizeram com você.

Aquela era uma barreira que precisava romper. Aquele era o medo, a vergonha e a culpa que precisava transpor e superar. Não sei quando e como exatamente, mas me lembro que um belo dia não existia mais o menino indefeso, escondido, receoso de falar, que andava de cabeça baixa e absorvido pela vergonha e tristeza.

"QUANDO EU DECIDI MUDAR, MUDEI!"
(JORGE COELHO)

Viver meu propósito iniciou naquele momento, quando nem mesmo sabia o que queria ser e muito menos quem me tornaria. Acredito que existam dois P para viver o propósito. Na realidade, necessitamos mudar dois P em nossas vidas: o primeiro é Perspectiva e o segundo é Postura.

A perspectiva de vida é a maneira pela qual vemos e interpretamos o mundo ao nosso redor, influenciando nossas crenças, valores e comportamentos. É a lente através da qual entendemos nossa própria existência e experiências, moldando nossas escolhas e decisões ao longo do caminho. Em relação ao tema do propósito de vida, a perspectiva de vida desempenha um papel crucial, pois pode afetar nossa capacidade de encontrar significado e direção em nossas vidas.

O QUE É PERSPECTIVA DE VIDA?

A perspectiva de vida é formada por uma variedade de fatores, incluindo nossas experiências de vida, valores culturais, influências sociais e traços de personalidade. Ela pode ser moldada por eventos positivos ou negativos, relacionamentos significativos, sucessos e fracassos e até mesmo por nossas percepções de nós mesmos. Como observou Carl Rogers, "A experiência não é o que acontece com um homem; é o que ele faz com o que lhe acontece".

COMO MUDAR A PERSPECTIVA DE VIDA?

Mudar a perspectiva de vida muitas vezes envolve um processo de autoconhecimento, reflexão e crescimento pessoal. Isso pode incluir terapia, práticas de *mindfulness*, desenvolvimento pessoal e busca por novas experiências. Uma abordagem comum na psicologia para mudar a perspectiva de vida é a terapia cognitivo-comportamental, que visa identificar e desafiar padrões de pensamento negativos e distorcidos. Como disse Albert Ellis: "Não são os eventos em si que nos perturbam, mas, sim, a nossa interpretação desses eventos".

A IMPORTÂNCIA DE MUDAR A PERSPECTIVA DE VIDA NA BUSCA DO PROPÓSITO

A perspectiva de vida desempenha um papel fundamental na busca do propósito de vida, pois pode influenciar nossa capacidade de perceber oportunidades, lidar com desafios e encontrar significado em nossas experiências. Uma perspectiva mais positiva e orientada para o crescimento pode nos capacitar a explorar novos caminhos, assumir riscos calculados e buscar nossas paixões mais profundas. Como afirmou Viktor Frankl, "quando não podemos mais mudar uma situação, somos desafiados a mudar a nós mesmos".

Ao mudar nossa perspectiva de vida, podemos abrir novas possibilidades e potenciais em nossas vidas, permitindo-nos viver com mais autenticidade, paixão e propósito. Como disse Carl Jung, "quem olha para fora, sonha; quem olha para dentro, acorda". Ao olhar para dentro e questionar nossas próprias percepções e crenças, podemos desbloquear um novo caminho em direção a uma vida mais significativa e gratificante.

Em resumo, a perspectiva de vida desempenha um papel fundamental na busca do propósito de vida, e mudá-la pode ser uma jornada transformadora de autodescoberta e crescimento pessoal. Ao adotar uma perspectiva mais positiva e orientada para o crescimento, podemos nos capacitar a encontrar e viver nosso propósito de vida com mais clareza, determinação e significado.

O QUE É POSTURA?

A postura é mais do que simplesmente a maneira como nos sentamos ou nos movemos fisicamente; é também a disposição interna que cultivamos em relação à vida. Ela pode ser caracterizada por atitudes como otimismo, perseverança, aceitação e gratidão. Como observou Aaron Beck, "o que pensamos, sentimos e fazemos está sempre interligado".

COMO MUDAR A POSTURA?

Mudar a postura envolve um processo de autoconhecimento e autotransformação. Isso pode incluir práticas, como terapia cognitivo-comportamental, para desafiar padrões de pensamento negativos; meditação, para cultivar a aceitação e o equilíbrio emocional; e atividades de desenvolvimento pessoal, para promover a resiliência e a autoconfiança. Como disse Louise Hay, "quando somos dispostos a mudar, todo o universo nos apoia".

A IMPORTÂNCIA DE MUDAR A POSTURA NA BUSCA DO PROPÓSITO

A postura desempenha um papel fundamental na busca pelo propósito de vida, pois pode determinar nossa capacidade de enfrentar desafios, superar obstáculos e persistir em direção aos nossos objetivos mais profundos. Uma postura mais positiva e resiliente pode nos capacitar a encontrar significado e propósito mesmo nas situações mais difíceis. Como observou Viktor Frankl,

> "A ÚLTIMA LIBERDADE HUMANA É ESCOLHER NOSSA ATITUDE EM QUALQUER CIRCUNSTÂNCIA".

Ao mudar nossa postura, podemos nos libertar de padrões de pensamento e comportamento limitantes que nos impedem de alcançar nosso pleno potencial. Como disse Albert Bandura,

"AUTOEFICÁCIA É A CRENÇA EM NOSSAS PRÓPRIAS HABILIDADES PARA ENFRENTAR DESAFIOS E ALCANÇAR METAS".

Ao cultivar uma postura de autoconfiança e determinação, podemos nos capacitar a perseguir nossos objetivos com coragem e resiliência.

Em resumo, a postura desempenha um papel vital na busca pelo propósito de vida, pois pode moldar nossa capacidade de enfrentar desafios, abraçar oportunidades e encontrar significado em nossas experiências. Ao mudarmos nossa postura para uma mais positiva e proativa, podemos nos libertar das limitações autoimpostas e nos abrir para um mundo de possibilidades e realizações.

Para muitas pessoas, romper barreiras começa com a identificação e superação de padrões de pensamento negativos ou autolimitantes. A Terapia Cognitivo-Comportamental (TCC), por exemplo, é uma abordagem amplamente utilizada na psicologia para ajudar os clientes a reconhecerem e desafiarem esses padrões, substituindo-os por pensamentos mais adaptativos e construtivos. Ao enfrentarmos crenças limitantes sobre nós mesmos e nossas capacidades, abrimos espaço para explorar novas possibilidades e perseguir nossos objetivos com mais determinação e confiança.

Além das barreiras internas, muitas vezes, somos confrontados com desafios externos que podem nos impedir de seguir nosso propósito de vida. Isso pode incluir obstáculos sociais, econômicos ou culturais, que limitam nossas oportunidades e recursos. Aqui, a psicologia comunitária desempenha um papel crucial, trabalhando para identificar e enfrentar essas barreiras sistêmicas e promover a justiça social e a igualdade de oportunidades para todos os indivíduos.

Viktor Frankl, em sua obra *Em busca de sentido*, enfatizou a importância de enfrentar os desafios da vida com coragem e resiliência. Ele escreveu: "Quando somos confrontados com o sofrimento, nossa única liberdade verdadeira reside na escolha de nossa atitude em relação a ele". Essa ideia fundamental ressalta que, mesmo diante das circunstâncias mais adversas, ainda temos o poder de escolher como responder. Ao reconhecermos nossa capacidade de superar dificuldades e encontrar significado mesmo em meio ao sofrimento, podemos fortalecer nosso senso de propósito e resiliência.

A psicologia positiva, uma abordagem que se concentra no estudo das qualidades humanas positivas, também oferece *insights* valiosos sobre como superar obstáculos e alcançar uma vida mais significativa. O conceito de "crescimento pós-traumático", por exemplo, sugere que experiências traumáticas podem, em última análise, levar a um maior crescimento pessoal e desenvolvimento de resiliência. Ao enfrentarmos desafios e superarmos adversidades, podemos emergir mais fortes e mais capazes de enfrentar futuros obstáculos com determinação e esperança.

Além disso, a psicologia existencial, uma abordagem que se concentra na busca do indivíduo por sentido e significado na vida, nos convida a enfrentar as incertezas e ambiguidades da existência com coragem e autenticidade. Ao reconhecermos a inevitabilidade do sofrimento e da morte, somos desafiados a encontrar significado em nossas vidas por meio de nossas escolhas e ações. Romper barreiras internas e externas torna-se, então, uma parte essencial dessa jornada de autoconhecimento e crescimento pessoal.

No entanto, romper barreiras nem sempre é uma tarefa fácil. Muitas vezes, nos encontramos presos em padrões de comportamento ou situações que parecem intransponíveis. Nesses momentos, a terapia pode ser uma ferramenta valiosa para nos ajudar a identificar e enfrentar essas barreiras de forma eficaz. Um terapeuta qualificado pode trabalhar conosco para explorar as origens de nossos padrões autolimitantes, desenvolver estratégias para superá-los e criar um plano de ação para alcançar nossos objetivos de vida.

Além da terapia individual, o apoio de grupos de suporte ou comunidades de pessoas que compartilham experiências semelhantes também pode ser incrivelmente fortalecedor. Ao nos conectarmos com outros que estão em uma jornada semelhante, podemos encontrar inspiração, apoio mútuo e a validação de nossas experiências, o que nos ajuda a romper barreiras e alcançar nossos objetivos com mais facilidade e confiança.

Em última análise, romper barreiras é uma parte essencial da jornada do propósito de vida.

> "À MEDIDA QUE ENFRENTAMOS E SUPERAMOS DESAFIOS INTERNOS E EXTERNOS, DESCOBRIMOS MAIS SOBRE NÓS MESMOS E SOBRE O QUE REALMENTE VALORIZAMOS NA VIDA."
> (JORGE COELHO)

Ao nos comprometermos com essa jornada de autoconhecimento e crescimento pessoal, podemos encontrar um maior sentido de propósito e realização em nossas vidas e viver de forma mais autêntica e significativa. Como Viktor Frankl afirmou, "a busca pelo sentido é a principal motivação na vida humana".

3

ROMPENDO BARREIRAS EMOCIONAIS

Encontrar o propósito de vida é uma jornada profundamente pessoal e significativa, mas, muitas vezes, enfrentamos barreiras emocionais que nos impedem de alcançar esse objetivo. Estas barreiras podem se manifestar de várias maneiras, desde o medo do desconhecido até crenças autolimitantes profundamente enraizadas. A grande pergunta aqui é: como romper barreiras emocionais pode nos levar a descobrir nosso propósito de vida e viver com mais autenticidade e significado?

IDENTIFIQUE AS BARREIRAS EMOCIONAIS

O primeiro passo para romper as barreiras emocionais é reconhecer sua existência. Muitas vezes, estamos tão acostumados a nossos padrões de pensamento e comportamento que nem mesmo percebemos que estamos nos autossabotando. As barreiras emocionais podem assumir muitas formas, incluindo o medo do fracasso, a autocrítica constante, a falta de autoconfiança e a preocupação com o julgamento dos outros.

Tire alguns minutos agora e somente avance nessa leitura após ter identificado pelo menos uma barreira emocional sua. Para isso, preste atenção em como a forma que você reage a diferentes situações pode fornecer pistas sobre barreiras emocionais. Por exemplo, se você sempre se sente ansioso ou retraído em determinadas situações, pode ser indicação de uma barreira emocional relacionada a esses contextos.

Examine seus padrões de comportamento ao longo do tempo. Se você percebe que sempre evita determinados tipos de pessoas, atividades ou situações, isso pode ser uma barreira emocional em ação. Pergunte a si mesmo por que você evita essas situações e explore as emoções subjacentes. Mas não se esqueça de ouvir pessoas próximas a você e quem você confia realmente. Eles podem notar o que você não está enxergando.

EXPLORE AS ORIGENS DAS BARREIRAS

Uma vez que reconhecemos as barreiras emocionais, é importante explorar suas origens. Muitas vezes, essas barreiras têm suas raízes em **experiências passadas**, **traumas emocionais** ou **mensagens negativas internalizadas** que recebemos ao longo da vida.

Lembro-me de uma pessoa que cresceu em uma família disfuncional e que desde cedo, devido a suas atitudes na infância não terem sido tão conforme o esperado, recebeu constantemente palavras do tipo: "Você não vai ser ninguém na vida", "Seu irmão é melhor do que você", "Você não presta". As raízes dessas barreiras emocionais geraram consequências terríveis na vida dela, que acabaram roubando muito da vida e das possibilidades de um futuro diferente.

Você consegue identificar algo que marcou sua vida de forma realmente significativa? Que tipo de palavras estão marcadas dentro de você? Quais comportamentos você associa a algo que aconteceu em sua vida?

ENCARE SUAS CRENÇAS AUTOLIMITANTES

Uma das formas mais poderosas de romper as barreiras emocionais é desafiar crenças autolimitantes.

ESSAS SÃO AS MENSAGENS NEGATIVAS QUE INTERNALIZAMOS AO LONGO DO TEMPO.

São mensagens do tipo, "eu não sou bom o suficiente" ou "eu nunca vou conseguir". Ao questionarmos essas crenças e substituí-las por pensamentos mais coerentes, positivos e capacitadores, podemos abrir caminho para uma maior autoaceitação e crescimento pessoal.

Tais crenças impedem qualquer pessoa de assumir riscos, buscar novas oportunidades e perseguir os sonhos mais profundos. Como disse Louise Hay, "se você quer mudar sua vida, você deve mudar seus pensamentos". Para isso, de forma prática, sugiro que você pratique a seguinte técnica, formada em três ações:

1. **Reconhecimento:** o primeiro passo para romper crenças autolimitantes é reconhecê-las e identificá-las. Isso envolve prestar atenção aos pensamentos negativos que surgem em sua mente e questionar sua validade.

2. **Questionamento:** depois de identificar uma crença autolimitante, é importante questioná-la e desafiá-la. Pergunte a si mesmo: "Essa crença é verdadeira? De onde ela veio? Como ela está me impedindo de progredir?". Aqui, retornando a Aaron Beck, quando diz que comportamentos, sentimentos e pensamentos estão relacionados entre si.

3. **Substituição:** uma vez que você tenha questionado uma crença autolimitante, substitua-a por uma crença mais positiva e capacitadora. Isso pode envolver repetir afirmações positivas, visualizar o sucesso e cultivar uma mentalidade de crescimento.

PRATIQUE A AUTOACEITAÇÃO E A AUTOCOMPAIXÃO

Outro aspecto importante no processo de romper barreiras emocionais é praticar a autoaceitação e a autocompaixão. Muitas vezes, somos nossos próprios críticos mais severos, mas aprender a nos aceitar e nos amar incondicionalmente, com todas as nossas falhas e imperfeições, é essencial para superar as barreiras emocionais e encontrar nosso propósito de vida.

CULTIVE A RESILIÊNCIA EMOCIONAL

A resiliência emocional também desempenha um papel crucial no processo de romper barreiras emocionais. Isso envolve a capacidade de lidar eficazmente com o estresse, a adversidade e as emoções negativas e se recuperar rapidamente de contratempos. A prática de técnicas de manejo do estresse, como a meditação, a respiração profunda e o exercício físico regular, pode nos ajudar a construir essa resiliência e nos fortalecer diante dos desafios que enfrentamos em nossa jornada de autoconhecimento.

SEJA VULNERÁVEL

Para romper verdadeiramente as barreiras emocionais e encontrar nosso propósito de vida, muitas vezes, é necessário abrir-se para a vulnerabilidade. Isso significa permitir-se sentir e expressar emoções genuínas, mesmo que isso signifique correr o risco de ser magoado ou rejeitado. Ao nos permitirmos ser vulneráveis, abrimos espaço para conexões mais autênticas com os outros e para um maior crescimento pessoal.

EXPLORE NOVAS POSSIBILIDADES

Ao rompermos as barreiras emocionais, nos abrimos para um mundo de novas possibilidades. Podemos começar a explorar diferentes interesses, paixões e valores e nos permitir sonhar grande sobre o que é possível em nossas vidas. Isso pode envolver experimentar coisas novas, assumir riscos calculados e estar aberto a mudanças e oportunidades inesperadas.

> "É EXATAMENTE QUANDO AS PORTAS DA MENTE
> SE ABREM QUE SOMOS LEVADOS A VER
> O QUE NUNCA VIMOS E A DESEJAR VIVÊ-LO!"
> (JORGE COELHO)

ENCONTRE SIGNIFICADO E PROPÓSITO

À medida que rompemos tais barreiras emocionais e exploramos novas possibilidades, muitas vezes, nos aproximamos cada vez mais de encontrar nosso propósito de vida. Isso pode envolver descobrir o que nos apaixona, o que nos energiza e o que nos dá um senso profundo de significado e realização. Ao seguirmos esse caminho, podemos encontrar uma maior satisfação e felicidade em nossas vidas e viver de acordo com nossos valores mais profundos e autênticos.

Posso afirmar que não há nada melhor do que viver e fazer aquilo que você foi chamado para fazer. Mas também não há nada pior do que viver em uma realidade que não foi desenhada para você, que seus dons e talentos não combinam com o que você faz.

Trabalhei em uma empresa de telefonia móvel e iniciei como operador de caixa. Com o passar do tempo, havia sido promovido para promotor de vendas e, em pouco tempo, já estava sendo cotado como aquele que fechava mais vendas. Tudo parecia fluir. Estava ganhando relativamente bem, a empresa estava me enxergando, e com certeza haveria a possibilidade de crescimento. Mas dentro de mim existia algo que falava que não era lá. Existia algo que pulsava dentro de mim, que me dizia que meu propósito não era aquele de simplesmente vender produtos e planos. O que ardia em meu coração era ser um canal de transformação para a vida de outras pessoas, de ser um agente de transformação social para aqueles que eram marginalizados como também para aqueles que estavam perdidos de alguma forma na vida.

Então, comecei a viver triste e sem ânimo, havia entrado no emprego por necessitar de dinheiro para viver. Mas isso não foi o suficiente para me limitar. Trabalhar simplesmente por dinheiro nunca havia sido verdade em mim. Sempre fiz o que estava dentro do meu coração e que havia propósito. Final de tudo? Pedi demissão da empresa, e ninguém entendeu o porquê havia feito, em minha casa acharam que estava fazendo uma loucura. Com a minha decisão vieram outras consequências e uma delas foi ganhar uma bolsa de estudo para a formação em teologia em Belo Horizonte e depois um ano nos Estados Unidos em uma das maiores organizações sociais do país para servir e aprender muito mais sobre como ser esse agente de transformação.

O resumo de tudo é:

"TODA CRENÇA LIMITANTE BLOQUEIA O SEU PROPÓSITO DE VIDA".
(JORGE COELHO)

4

ROMPENDO BARREIRAS MENTAIS

No caminho em busca do propósito de vida, frequentemente nos deparamos com diversas barreiras internas que podem obscurecer nossa jornada e nos impedir de alcançar nosso potencial máximo. Essas barreiras podem se manifestar de várias formas, como dúvidas persistentes, medos paralisantes, autocrítica excessiva e crenças autolimitantes profundamente enraizadas. Como observou Carl Rogers, renomado psicólogo humanista, "o único obstáculo para a experiência significativa é a barreira das próprias defesas". Essas defesas podem ser emocionais, cognitivas ou comportamentais e muitas vezes se desenvolvem como mecanismos de proteção em resposta a traumas passados ou experiências negativas. Além disso, como afirmou Albert Ellis, um dos fundadores da terapia cognitivo-comportamental, "as crenças que temos sobre nós mesmos e o mundo ao nosso redor moldam nossa realidade e influenciam nossas ações". Portanto, desafiar essas crenças limitantes é essencial para romper as barreiras mentais e abrir caminho para uma jornada de autodescoberta e realização pessoal mais significativa.

As defesas surgem como protetores contra o sofrimento. O grande problema é que eles geram também outro tipo de sofrimento. Enquanto o corpo busca seu equilíbrio total, muitas outras reações surgem como consequência. Para você entender melhor, quero exemplificar com uma emoção básica: medo.

A sensação desagradável do medo na realidade é a tentativa do organismo em preservar a vida diante de situações que sugerem perigo. O medo é um sentimento normal e essencial, contudo, o ser humano tem sido exposto diariamente e constantemente a situações de riscos, como alta competição no mercado e, consequentemente, diminuição nas possibilidades de ganhos; criminalidade acentuada, o que gera risco de vida; e uma gama de outras realidades. O fato é que aquela sensação de instabilidade, ansiedade, medo das coisas da vida não darem certo acaba influenciando no modo de existir do ser humano. O resultado disso é o isolamento, depressão, desconfiança das pessoas, falta de esperança e, principalmente, a ausência de sentido na vida ou propósito de sua existência.

Pare para pensar agora sobre sentimentos que fazem parte de sua vida e que são responsáveis por você não viver tão bem como gostaria. Que tipo de processos mentais eles têm reforçado?

RECONHEÇA AS BARREIRAS MENTAIS

O primeiro passo para superar as barreiras mentais é reconhecê-las em nossa vida. Como Carl Jung disse uma vez: "Até você tornar o inconsciente consciente, ele vai dirigir sua vida, e você vai chamá-lo de destino". Esse reconhecimento nos convida a olhar para dentro de nós mesmos, explorando os cantos mais profundos de nossa mente para identificar padrões de pensamento e comportamento que podem estar nos limitando. A psicoterapeuta Nathaniel Branden também acrescenta: "A primeira etapa na mudança é a consciência. A segunda etapa é aceitação". Portanto, a conscientização é o primeiro passo crucial no processo de rompimento de barreiras mentais.

QUESTIONE AS CRENÇAS LIMITANTES

O questionamento das crenças limitantes é essencial para desafiar os pensamentos que nos impedem de progredir. Aaron Beck, um dos pioneiros da terapia cognitivo-comportamental, destaca que necessitamos ter a consciência da relação entre os três pilares do estilo de vida mencionados anteriormente. Essa interconexão nos lembra de que nossas crenças influenciam diretamente nossas emoções e ações. Portanto, ao questionarmos nossas crenças autolimitantes, estamos abrindo espaço para novas perspectivas e possibilidades. A psicóloga Carol Dweck também enfatiza a importância desse processo: "As pessoas com mentalidade de crescimento acreditam que podem melhorar com esforço e persistência". Esse tipo de mentalidade nos capacita a desafiarmos nossas crenças e nos tornarmos mais resilientes diante dos desafios.

CULTIVE A MENTALIDADE DE CRESCIMENTO

A mentalidade de crescimento é uma ferramenta poderosa no processo de rompimento de barreiras mentais. Como mencionado anteriormente, essa mentalidade nos encoraja a ver os desafios como oportunidades de crescimento e aprendizado.

> "ACREDITAR É O PRIMEIRO PASSO E O COMBUSTÍVEL IDEAL PARA COMEÇAR A AGIR PRONTAMENTE E PERSISTENTEMENTE."
> (JORGE COELHO)

Essa crença fundamental nos ajuda a desenvolver uma maior resiliência e determinação diante das adversidades. Além disso, ao adotarmos uma mentalidade de crescimento, estamos mais propensos a buscar *feedback* e aprender com nossos erros, o que nos permite crescer e evoluir continuamente.

Para exemplificar como cultivar uma mentalidade de crescimento em relação ao propósito de vida, aqui estão algumas práticas e exemplos:

1. **Incentive a busca pela curiosidade/conhecimento:** mantenha a mente aberta para novas experiências e aprendizados. Explore diferentes áreas de interesse, participe de cursos, *workshops* e palestras sobre assuntos que despertem sua curiosidade. Como disse Albert Einstein: "Eu tenho nenhuma habilidade especial. Apenas sou apaixonadamente curioso".

2. **Encare os desafios como chances de crescimento:** em vez de ver os desafios como obstáculos intransponíveis, veja-os como oportunidades de crescimento e desenvolvimento. Como disse Viktor Frankl: "O so-

frimento não é algo a ser evitado, mas, sim, algo a ser suportado e transcendido".

3. **Continue firme diante das dificuldades:** ao encontrar dificuldades ou reveses em sua jornada em busca do propósito de vida, mantenha-se resiliente e persistente. Como afirmou Angela Duckworth: "Grit é a paixão e a perseverança por objetivos de longo prazo".

4. **Aprenda com os *feedbacks*:** encare os *feedbacks* como oportunidades de aprendizado e crescimento, em vez de críticas pessoais. Como disse William James: "A maior descoberta da minha geração é que os seres humanos podem alterar suas vidas ao alterar suas atitudes mentais".

5. **Cultive uma mentalidade de abundância:** ao invés de se sentir limitado por recursos escassos, acredite na abundância e nas oportunidades ilimitadas que o universo oferece. Como disse Martin Seligman, "O otimismo é a crença de que o futuro trará boas coisas e que você tem o poder de torná-lo assim".

6. **Comemore os avanços:** reconheça e celebre suas conquistas, por menores que sejam. Cada passo em direção ao seu propósito de vida é uma vitória merecedora de reconhecimento. Como disse Abraham Maslow: "Um músico deve fazer música, um artista deve pintar, um poeta deve escrever, se deseja ser, em última instância, em paz consigo mesmo. O que você pode fazer, você deve fazê-lo".

Ao cultivar uma mentalidade de crescimento em sua jornada em busca do propósito de vida, você se abre para um mundo de possibilidades e oportunidades. Lembre-se de que o caminho para o propósito é uma jornada contínua de autoconhecimento, crescimento e aprendizado. Como disse Steve Jobs, "sua vida é limitada, então não a desperdice vivendo a vida de outra pessoa. Tenha coragem para seguir seu coração e intuição. Eles já sabem o que você realmente quer se tornar".

DESENVOLVA A AUTOCONSCIÊNCIA

A autoconsciência é fundamental para identificar e superar as barreiras mentais. A vida é simples. Somos nós quem complicamos.

No consultório, atendendo meus pacientes, sempre percebi algo que marca boa parcela deles. A pergunta que sempre faço e que me dizem ser uma das perguntas mais difíceis é essa: "O que você está sentindo agora? Que sentimentos você consegue identificar e nomear em sua vida?".

É incrível ver todos os esforços realizados para tentarem descobrir que sentimentos estão sentindo. Seus olhares subindo e descendo, suas cabeças inclinadas para a direita, para a esquerda, quando olham para cima na expectativa, talvez, de ver algo.

Acredito que uma das tarefas que deveríamos ter como mais fáceis para nós seria a de olhar para dentro de nós e saber o que se passa aqui dentro. O contrário tem sido o mais comum. Sabemos do espaço, das bolsas de valores, de como fazer mais dinheiro, de montar e desmontar, de técnicas de vendas, e alguns não conseguem olhar e perceber poucos centímetros para dentro. Isso é sobre autoconsciência. A percepção natural e fácil de si.

Isso ressalta a importância de reconhecermos nossos padrões de pensamento negativos e autossabotadores. A psicóloga Ellen Langer também destaca a importância da autoconsciência, "a única maneira de saber como as coisas são realmente é examiná-las de muitos ângulos". Portanto, ao nos tornarmos mais conscientes de nossos pensamentos e comportamentos, podemos começar a desafiar e mudar os padrões que nos impedem de avançar em direção aos nossos objetivos.

"A MUDANÇA SEMPRE ESTARÁ A UM OLHAR PARA DENTRO E UM PENSAMENTO PARA FORA."
(JORGE COELHO)

PRATIQUE A ACEITAÇÃO E O DESAPEGO

A prática da aceitação e do desapego é um aspecto essencial do processo de rompimento de barreiras mentais. Eckhart Tolle nos lembra: "a aceitação dessa situação imediatamente cria espaço interior e paz interior". Isso destaca a importância de aceitarmos as coisas como elas são, sem julgamento ou resistência. A psicoterapeuta Tara Brach também enfatiza a importância da aceitação, "A aceitação é um movimento gentil e compassivo em direção à própria experiência". Portanto, ao praticarmos a aceitação e o desapego, podemos liberar o peso das expectativas e permitir que a vida flua naturalmente.

Aceitação tem tido uma conotação bem equivocada pra algumas pessoas. Tem assumido o sinônimo de "gostar". Como se fosse assim: "Eu aceitei, então eu gostei". Aceitar não fortalece a ideia de gostar de algo. Ninguém gosta do fato de um pai ter morrido, de um filho ter recebido um diagnóstico terminal ou de que se está falido financeiramente. Somente uma pessoa fora de si iria gostar de algo assim.

Faz parte de minha história o fato de uma tia minha muito querida ter morrido praticamente na minha frente de crise asmática quando eu tinha dez anos de idade. A cena é muito agressiva para mim até hoje. Tive que aceitar o fato de que ela não estava mais conosco aqui na Terra, que havia morrido.

Trazendo uma memória que você não consegue desapegar, no sentido de não deixar ir para o local devido, vai acabar interrompendo sua vida de ser vivida. Não aceitar fatos que são reais em si mesmos e não ter um "desapego", no sentido de liberar, vai encobrir o seu propósito de vida. Vai continuar sendo uma enorme barreira mental e de vida.

"O QUE VOCÊ MANTÉM, TE RETÉM."
(JORGE COELHO)

A JORNADA DE NOVAS ALTERNATIVAS

Por fim, a busca por novas alternativas é essencial para romper as barreiras mentais e descobrir nosso propósito de vida. Albert Einstein disse uma vez: "A mente que se abre a uma nova ideia jamais volta ao seu tamanho original". Isso nos lembra da importância de permanecermos abertos e receptivos a novas experiências e perspectivas. Como observado pelo psicólogo Abraham Maslow: "Se a única ferramenta que você tem é um martelo, você tende a tratar tudo como se fosse um prego". Portanto, ao explorarmos novas alternativas, expandimos nossos horizontes e descobrimos novas maneiras de ver e viver a vida.

Em resumo, o processo de rompimento de barreiras mentais é uma jornada de autodescoberta e crescimento pessoal. Ao reconhecermos e desafiarmos nossas crenças limitantes, cultivarmos uma mentalidade de crescimento, desenvolvermos a autoconsciência, praticarmos a aceitação e o desapego e explorarmos novas possibilidades, podemos desbloquear nosso verdadeiro potencial e viver uma vida mais autêntica e significativa.

5

ROMPENDO BARREIRAS NOS RELACIONAMENTOS

Os relacionamentos desempenham um papel fundamental em nossa jornada para descobrir nosso propósito de vida. No entanto, muitas vezes, enfrentamos barreiras nos relacionamentos que podem nos impedir de explorar plenamente quem somos e qual é o nosso propósito no mundo. Como romper essas barreiras nos relacionamentos pode nos conduzir à descoberta de nosso propósito de vida, e como podemos cultivar conexões mais autênticas e significativas com os outros ao longo do caminho?

RECONHEÇA OS OBSTÁCULOS NOS RELACIONAMENTOS

Nosso velho amigo Tales M. vivenciou muita coisa na vida. Mas também evitou muitas outras. Quando mais novo, sempre teve aquela característica de ser o popular, o que sempre chamava a atenção com suas histórias, e todos o tinham como amigo de todo mundo.

Mas nem sempre tudo o que parece é. Ele mantinha relacionamentos superficiais, sempre dizendo o que as pessoas gostariam de ouvir, sendo simpático e não tinha raízes profundas nos relacionamentos. Em outras palavras, ele não se deixava ser tocado por ninguém, ninguém conhecia realmente o íntimo de Tales M., e por esse motivo ele também não conseguia se tornar tudo aquilo que deveria ser.

> "SOMENTE NOS RELACIONAMENTOS REAIS CONSEGUIMOS SER TRATADOS, MODIFICADOS, CONFRONTADOS, LIBERTOS, INSPIRADOS, MOTIVADOS E CONDUZIDOS PARA O NOSSO PROPÓSITO DE VIDA."
> (JORGE COELHO)

Quais obstáculos ou barreiras podem estar entre você e as pessoas ao seu redor? Isso pode incluir falta de comunicação, falta de confiança, padrões de comportamento disfuncionais ou conflitos não resolvidos. Tais barreiras estão enraizadas em experiências passadas, traumas emocionais ou padrões aprendidos de relacionamentos anteriores.

A falta de comunicação, falta de confiança, padrões de comportamento disfuncionais e conflitos não resolvidos são barreiras significativas nos relacionamentos interpessoais, sejam eles românticos, familiares, profissionais ou sociais. Essas barreiras podem criar tensão, ressentimento e até mesmo levar ao término do relacionamento, se não forem tratadas adequadamente.

A comunicação deficiente é frequentemente citada como uma das principais causas de problemas nos relacionamentos. Quando as pessoas não se sentem ouvidas, compreendidas ou capazes de expressar suas próprias necessidades e sentimentos, isso pode levar a mal-entendidos, frustrações e conflitos. Como o renomado psicólogo Marshall B. Rosenberg observou, "a comunicação não violenta é a maneira de conseguir que os outros façam o que queremos porque estão dispostos, não porque temem nossa punição ou rejeição". Isso destaca a importância de uma comunicação clara, honesta e compassiva para construir relacionamentos saudáveis e satisfatórios.

A falta de confiança também pode ser uma grande barreira nos relacionamentos. Quando as pessoas têm dificuldade em confiar umas nas outras, isso pode levar a comportamentos defensivos, ciúmes e paranoia. O psicólogo John Gottman enfatizou, "a confiança é construída em pequenas gotas, não em grandes gestos". Isso significa que a confiança é cultivada ao longo do tempo por meio de consistência, transparência e integridade nas interações diárias.

Os padrões de comportamento disfuncionais também podem sabotar os relacionamentos, pois podem levar a ciclos de negatividade e disfunção que são difíceis de quebrar. A terapeuta de casais Sue Johnson explicou, "nós somos animais sociais. Nós somos construídos para conectar. O amor é a cola que nos mantêm juntos". No entanto, quando os padrões de comportamento tóxicos, como críticas constantes, evasão emocional ou manipulação substituem o amor e o apoio, os relacionamentos podem se deteriorar rapidamente.

Finalmente, conflitos não resolvidos podem criar ressentimento e hostilidade nos relacionamentos, prejudicando a conexão e a intimidade. Harriet Lerner destacou, "o respeito é o que transforma o poder em cooperação. Se não há respeito, não há ponto de partida para o diálogo". Resolver conflitos de forma construtiva requer empatia, compreensão mútua e um compromisso com a resolução de problemas.

Em resumo, as barreiras nos relacionamentos, como falta de comunicação, falta de confiança, padrões de comportamento disfuncionais e conflitos não resolvidos, são desafios significativos, que podem minar a qualidade e a estabilidade dos relacionamentos interpessoais. Reconhecer essas barreiras e trabalhar ativamente para superá-las é essencial para construir e manter relacionamentos saudáveis e gratificantes ao longo do tempo. Vamos entender um pouco mais sobre como fortalecer os relacionamentos e, dessa forma, chegar mais próximo do sentido da vida?

PRATIQUE A COMUNICAÇÃO CLARA E EMPÁTICA

A comunicação é a pedra angular de qualquer relacionamento saudável. Para romper as barreiras nos relacionamentos, é essencial praticar a comunicação clara e empática. Isso envolve ouvir atentamente os outros, expressar nossos próprios pensamentos e sentimentos de forma clara e respeitosa e estar disposto a avaliar quando surgirem conflitos.

Sabe quando duas pessoas acreditam fielmente que cada uma entendeu exatamente o que o outro disse? Para ser bem claro, garantir que a comunicação seja 100% clara, não é tarefa fácil. Imagine pessoas diferentes, com culturas diferentes, perspectivas diferentes, realidades diferentes tentando expor seu ponto de vista um para o outro. É exatamente isso que acontece! Os relacionamentos são fragilizados, e as pessoas começam a criar ainda mais obstáculos para se unirem e serem francas umas com as outras.

> "AS CONEXÕES PARA A FORMAÇÃO DE SEU PROPÓSITO DE VIDA PASSAM PELAS DE PESSOAS QUE CRUZAM O SEU CAMINHO."
> (JORGE COELHO)

Mas como podemos nos comunicar melhor? Exatamente quando podemos melhor ouvir o outro. Ouvir é a chave para a comunicação. E aqui não me refiro somente ao ouvir a palavra dita, mas ouvir o que está por trás e o que forma aquela palavra dita exatamente daquela forma. Para toda fala existe um porquê da fala, o que irá influenciar o como da fala. Você nunca mais pode ouvir alguém somente por meio das palavras ditas, mas, sim, se colocando no lugar do outro.

Ao praticarmos a comunicação clara e empática, podemos fortalecer nossos relacionamentos e cultivar um senso mais profundo de conexão e compreensão mútua.

DESAFIE PADRÕES DE COMPORTAMENTO DISFUNCIONAIS

Muitas vezes, as barreiras nos relacionamentos surgem de padrões de comportamento disfuncionais que nos impedem de nos conectar verdadeiramente com os outros. Isso pode incluir comportamentos como evitação emocional, manipulação ou controle excessivo. Desafiar esses padrões de comportamento requer autoconhecimento e autocrítica, além do comprometimento em mudar esses padrões para criar relacionamentos mais saudáveis e significativos.

Esses três comportamentos podem representar barreiras significativas no caminho para viver nosso propósito e experimentar relacionamentos saudáveis e satisfatórios. Esses padrões disfuncionais de comportamento, muitas vezes, surgem de experiências passadas, traumas não resolvidos ou dificuldades emocionais não abordadas.

A evitação emocional, por exemplo, é um comportamento comum em indivíduos que enfrentam dificuldades em lidar com suas próprias emoções. Eles podem evitar situações ou pessoas que desencadeiam sentimentos desconfortáveis, optando por se distanciar emocionalmente ou reprimir suas emoções. Como observou John Bowlby, "o indivíduo pode se afastar do contato emocional com os outros, evitando expressar ou reconhecer sentimentos e necessidades emocionais".

Talvez você já tenha vivenciado algo como Tales M., que durante sua adolescência, ao discutir problemas importantes com sua família, tinha o hábito de se retirar das conversas, evitando, assim, aquelas emoções desconfortáveis. Ou, também, quando evitava situações que o fizessem se sentir vulnerável, como dar sua opinião em frente a um grupo ou até mesmo pela possibilidade de apresentar um trabalho em sala de aula.

Por outro lado, o comportamento manipulador ou controlador excessivo pode surgir de uma necessidade de segurança ou poder. Indivíduos que adotam esse padrão muitas vezes buscam controlar os outros para evitar a vulnerabilidade ou para satisfazer suas próprias necessidades emocionais não atendidas. Como destacou Albert Ellis, "a busca pelo controle excessivo pode ser uma manifestação do medo do desconhecido ou da falta de confiança em si mesmo".

Muito comum ver esse tipo de relacionamento em situações em que alguém manipula, por exemplo, seus amigos para conseguir aquilo que deseja. Então, elogios exagerados ou jogos emocionais são utilizados para alcançar tais objetivos. Você já passou pela situação ou conhece alguém que usou o sentimento de culpa para conseguir ir a uma festa ou receber algo de alguém?

Esses comportamentos disfuncionais podem criar barreiras nos relacionamentos, prejudicando a comunicação, a confiança e a intimidade. Como não é difícil de concordar com Harville Hendrix, "a manipulação e o controle excessivo são formas de evitar a vulnerabilidade e a conexão autêntica com o outro". Esses padrões de comportamento podem minar a saúde dos relacionamentos, impedindo o crescimento mútuo e a realização pessoal.

Existem pessoas que parecem sentir prazer ou a necessidade de ter o controle excessivo das situações ou pessoas. Lembro-me de um amigo que, constantemente, para que todas as coisas saíssem e acontecessem da forma como sempre pensava e planejava, tinha o hábito de controlar seus relacionamentos, monitorando constantemente as atividades e interferindo na liberdade e autonomia de seus colegas e amigos. O que no começo parecia apenas ansiedade, terminou em isolamento e solidão.

Ao reconhecer e enfrentar esses padrões disfuncionais de comportamento, podemos abrir caminho para relacionamentos mais sinceros e gratificantes. Isso requer um compromisso com o crescimento pessoal e a disposição de enfrentar os desafios emocionais que podem surgir ao longo do caminho. Sair do casulo ou da caixinha que impede as relações dará um novo gosto à vida. Se permitir ser frustrado, tentar consertar e aparar arestas e sair da mentalidade perfeccionista dos relacionamentos produzem o ambiente ideal para vivermos nosso propósito de vida. Amo e vejo que faz muito sentido o que Virginia Satir diz, "cada vez que escolhemos a segurança, reforçamos o medo".

Portanto, ao trabalhar para superar comportamentos disfuncionais e construir relacionamentos saudáveis, estamos nos aproximando de viver nosso propósito e experimentar uma conexão mais profunda com os outros e conosco mesmos.

CULTIVE RELACIONAMENTOS AUTÊNTICOS E SIGNIFICATIVOS

Ao romper as barreiras nos relacionamentos, nos abrimos para a possibilidade de cultivar relações mais autênticas e significativas. Isso envolve escolher relacionamentos baseados em valores compartilhados, respeito mútuo e apoio mútuo e estar disposto a investir tempo e energia na construção e manutenção desses relacionamentos. Cultivando relacionamentos autênticos e significativos, encontramos um senso mais profundo de pertencimento e conexão, o que pode nos ajudar a descobrir nosso propósito de vida e viver com mais significado e realização.

Se existiu algo em minha vida que de fato foi importante e que trouxe grande impacto em tudo o que aconteceu até aqui foi o de ser real em meus relacionamentos.

> **"SER INTENCIONAL NÃO É AGIR COM INTERESSE EGOÍSTA. INTENCIONALIDADE É AMAR E SER IMPACTADO PELO AMOR."**
> **(JORGE COELHO)**

Em um mundo em que tantas vezes somos incentivados a seguir padrões impostos pela sociedade, é essencial lembrar a importância de ser autêntico. Ser você mesmo é o primeiro passo para cultivar relacionamentos verdadeiros e significativos. Mostrar suas verdades e vulnerabilidades pode assustar, mas é o que nos torna humanos e nos conecta verdadeiramente com os outros.

Além disso, a empatia desempenha um papel fundamental na construção de laços fortes e saudáveis. Coloque-se no lugar do outro, entenda seus sentimentos e necessidades, demonstre um profundo respeito e fortaleça a confiança mútua. A empatia nos ajuda a criar conexões mais profundas e significativas que vão além de meras interações superficiais.

Mas, para que esses relacionamentos floresçam e desenvolvam, é necessário investir tempo e esforço. A dedicação e o comprometimento são essenciais para manter vínculos saudáveis e duradouros. Estar presente na vida das pessoas que valorizamos e manter uma comunicação aberta e honesta são pilares fundamentais para a construção de relacionamentos sólidos e significativos.

E não podemos esquecer da importância da reciprocidade. Cultivar relacionamentos baseados na troca equilibrada de apoio, cuidado, amor e gratidão é essencial para que ambas as partes se sintam valorizadas e nutridas. Reconhecer e agradecer as contribuições positivas que os outros trazem para nossa vida fortalece os laços e fomenta um crescimento mútuo.

VIVA COM PROPÓSITO E SIGNIFICADO NOS RELACIONAMENTOS

Ao rompermos as barreiras nos relacionamentos e explorarmos seu impacto em nosso propósito de vida, nos aproximamos cada vez mais de viver uma vida verdadeiramente significativa e realizada. Isso envolve cultivar relacionamentos autênticos e significativos, comunicar-se abertamente e empaticamente, desafiar padrões de comportamento disfuncionais, construir confiança e vulnerabilidade, curar feridas emocionais passadas e explorar o impacto dos relacionamentos em nosso propósito de vida. Ao fazer isso, encontramos um senso mais profundo de conexão, significado e propósito nos relacionamentos que nos rodeiam, o que nos ajuda a viver com mais autenticidade, alegria e realização.

6

ROMPENDO BARREIRAS PSICOLÓGICAS

A jornada para descobrir o propósito de vida é muitas vezes acompanhada por barreiras psicológicas que podem nos impedir de avançar. Essas barreiras podem incluir insegurança, medo do desconhecido, falta de autoconhecimento e até mesmo um sentimento de desespero. Como ir além dessas barreiras psicológicas pode nos ajudar a descobrir nosso propósito de vida e a viver de acordo com nossos valores mais profundos e autênticos?

RECONHEÇA OS OBSTÁCULOS PSICOLÓGICOS

Muitas vezes, essas barreiras são invisíveis e profundamente enraizadas em nossa mente subconsciente, tornando-se difícil reconhecê-las. Algumas das barreiras mais comuns incluem a insegurança, o perfeccionismo, o medo do fracasso ou do sucesso, a falta de confiança em si mesmo, entre outros. Identificar essas barreiras é crucial para começar a superá-las e avançar em direção ao nosso propósito de vida.

DESAFIE A INSEGURANÇA E O PERFECCIONISMO

A insegurança e o perfeccionismo são duas barreiras psicológicas comuns que podem nos impedir de descobrir nosso propósito de vida. A insegurança nos faz questionar nossas habilidades e capacidades, enquanto o perfeccionismo nos impede de seguir em frente, com medo de não alcançar um padrão impecável. Desafiar essas crenças envolve praticar o amor por si mesmo, reconhecendo que é normal cometer erros e que o crescimento pessoal é um processo contínuo. Ao nos permitirmos ser imperfeitos e aceitar nossas limitações, abrimos espaço para explorar novas possibilidades e descobrir nosso verdadeiro propósito.

Gosto muito de ver a vida de uma forma prática e entender como, no dia a dia, posso viver certas realidades. Por exemplo, para vencer a insegurança e o perfeccionismo, você pode em vez de buscar a perfeição em um projeto de trabalho, definir metas específicas e mensuráveis, que permitam o progresso gradual e contínuo. Outro exemplo é, se cometer um erro em uma tarefa, em vez de se criticar severamente, refletir sobre o que pode aprender com a situação e como pode melhorar no futuro. Esses são exemplos que utilizo propriamente com meus pacientes na clínica.

Se você pensar "eu nunca vou conseguir fazer isso", desafie esse pensamento questionando sua veracidade e substituindo-o por "eu posso aprender e crescer com esse desafio". Com atividades diárias como essas, você vai irromper mais uma vez em sua vida em direção ao seu propósito.

ENFRENTE O MEDO DO DESCONHECIDO

O medo do desconhecido é outra barreira psicológica significativa que pode nos impedir de encontrar nosso propósito de vida. Muitas vezes, resistimos a mudanças ou novas experiências por medo do que pode acontecer. No entanto, é importante lembrar que o crescimento e a descoberta raramente acontecem dentro dos limites familiares que já conhecemos. Enfrentar o medo do desconhecido envolve estar disposto a sair da nossa zona de conforto, experimentar coisas novas e estar aberto a novas possibilidades. Ao fazer isso, expandimos nossos horizontes e nos aproximamos cada vez mais de descobrir nosso propósito de vida.

**"ENQUANTO O MEDO PREVALECER,
O PROPÓSITO VOCÊ NUNCA IRÁ VER."
(JORGE COELHO)**

Identificar o que está por trás do medo é o que dará o *start* para ir além dele. Vamos supor que você deseja mudar de carreira, mas o medo do desconhecido o impede de dar esse passo. Identifique quais são os pensamentos e emoções que estão alimentando esse medo. Você tem medo do fracasso? Do desconforto da mudança? Ou do julgamento dos outros? Um pensamento que o ajudará a caminhar é "a coragem não é a ausência de medo, mas a capacidade de agir apesar dele" (Ambrose Redmoon).

Outro ponto interessante é tentar fazer pequenas experiências. Você quer aprender a cozinhar uma nova receita, mas o medo de falhar o impede de tentar. Comece com pequenos passos, como assistir a vídeos de culinária, comprar os ingredientes necessários e seguir as instruções cuidadosamente. À medida que ganha confiança, experimente receitas mais complexas.

Vencer o medo do desconhecido pode ser desafiador, mas é essencial para alcançar o crescimento pessoal e buscar o propósito de vida com coragem e determinação.

APRENDA COM O FRACASSO E A ADVERSIDADE

O fracasso e a adversidade são inevitáveis na jornada para descobrir nosso propósito de vida. No entanto, em vez de ver essas experiências como obstáculos, podemos vê-las como oportunidades para aprender e crescer. O fracasso nos ensina lições valiosas sobre nossas próprias habilidades e limitações, enquanto a adversidade nos ajuda a desenvolver resiliência e determinação. Ao abraçarmos o fracasso e a adversidade como parte integrante do processo de descoberta do propósito de vida, podemos nos tornar mais fortes e mais resilientes em nossa busca.

> "O FRACASSO É A OPORTUNIDADE VESTIDA DE OUTRA FORMA."
> (JORGE COELHO)

Refletir sobre o que acontece em nossas vidas pode parecer cansativo, contudo, é uma das maneiras mais reais e eficazes de superação e crescimento diante das adversidades. Que lições você aprendeu em sua última jornada?

Ao enfrentar o fracasso e a adversidade em nossa jornada em busca do propósito de vida, é importante cultivar uma mentalidade de crescimento. Carol Dweck, renomada psicóloga, destaca a diferença entre uma mentalidade fixa e uma mentalidade de crescimento. Enquanto uma mentalidade fixa vê o fracasso como uma indicação de falta de habilidade, uma mentalidade de crescimento encara o fracasso como uma oportunidade de aprendizado e crescimento.

No cotidiano, aprender com o fracasso e a adversidade pode se manifestar de diversas formas. Por exemplo, imagine que você se candidatou a um emprego, e não foi selecionado. Em vez de se desanimar, você pode usar essa experiência como uma oportunidade para refletir sobre suas habilidades e qualificações, identificar áreas de melhoria e buscar maneiras de se desenvolver profissionalmente.

Da mesma forma, se você enfrentar um revés em um relacionamento pessoal, como uma discussão ou desentendimento, pode usar essa experiência como uma oportunidade para praticar a comunicação eficaz, a empatia e a resolução de conflitos. Ao aprender com essas experiências, você pode fortalecer seus relacionamentos e desenvolver uma compreensão mais profunda de si mesmo e dos outros.

CULTIVE A RESILIÊNCIA E A DETERMINAÇÃO

A resiliência e a determinação são qualidades essenciais para romper as barreiras psicológicas e perseguir nosso propósito de vida. Isso envolve a capacidade de enfrentar desafios e contratempos com calma e determinação e de nos recuperarmos rapidamente de contratempos. Cultivar a resiliência e a determinação pode envolver a prática de técnicas de manejo do estresse, o cultivo da gratidão e a busca de apoio social quando necessário. Quanto mais resilientes nos tornamos, mais capazes somos de perseverar em nossa busca pelo propósito de vida, independentemente dos desafios que enfrentamos ao longo do caminho.

A RESILIÊNCIA: UMA ROTA PARA DESCOBRIR E VIVER O PROPÓSITO DE VIDA

Na jornada em busca do propósito de vida, deparamo-nos, inevitavelmente, com desafios, adversidades e momentos de incerteza. Nesses momentos, a resiliência emerge como uma poderosa aliada, oferecendo-nos a força necessária para superar obstáculos e seguir em frente em direção ao nosso destino. Neste capítulo, exploraremos como a resiliência pode ser um caminho vital na descoberta e vivência do propósito da vida, à luz da psicologia e das palavras inspiradoras de renomados psicólogos.

COMPREENDENDO A RESILIÊNCIA

A resiliência, como definida pelos psicólogos, é a capacidade de enfrentar adversidades, superar traumas e crescer diante das dificuldades. Como observou Albert Bandura, "a resiliência não é uma qualidade que algumas pessoas têm e outras não; é um conjunto de comportamentos, pensamentos e ações que podem ser aprendidos e desenvolvidos por qualquer um". Isso significa que a resiliência não é apenas uma característica inata, mas, sim, uma habilidade que podemos cultivar e fortalecer ao longo da vida.

O PAPEL DA RESILIÊNCIA NA BUSCA PELO PROPÓSITO DE VIDA

Na jornada em busca do propósito de vida, enfrentamos uma série de desafios que podem nos desviar do caminho. Incertezas, fracassos e contratempos podem abalar nossa confiança e nos deixar questionando nosso propósito. No entanto, é a resiliência que nos permite enfrentar esses desafios com coragem e determinação. Como afirmou Carl Rogers, "a única pessoa que está educada é a que aprendeu a aprender e a mudar".

A resiliência nos capacita a encontrar significado nas adversidades e a transformar experiências dolorosas em oportunidades de crescimento pessoal. Como observou Martin Seligman, "a resiliência vem do enfrentamento de dificuldades, não da evitação delas". Ao abraçarmos os desafios da vida com resiliência, podemos descobrir nosso propósito mais profundo e nos tornar mais fortes e mais sábios como resultado.

CULTIVE A RESILIÊNCIA PARA VIVER COM PROPÓSITO

Existem várias maneiras de cultivar a resiliência em nossas vidas. Uma delas é praticar a autocompaixão, como sugerido por Kristin Neff. Ao nos tratarmos com bondade e compaixão, mesmo diante das adversidades, podemos fortalecer nossa resiliência emocional e nossa capacidade de enfrentar os desafios com coragem e determinação.

Além disso, o apoio social desempenha um papel fundamental na construção da resiliência. Brené Brown nos ajuda a compreender melhor quando afirma que "a conexão é a energia que nasce entre as pessoas quando elas se sentem vistas, ouvidas e valorizadas". Cultivar relacionamentos significativos e buscar apoio em momentos de dificuldade pode fortalecer nossa resiliência e nos ajudar a encontrar significado e propósito, mesmo nas situações mais desafiadoras.

Em meio a uma sociedade inundada pelo egoísmo, estar em meio a um grupo sólido e com valores acima do normal fortalece nossas vidas e auxilia no processo de resiliência. Em um dos processos mais dolorosos de minha vida, em momentos de grandes transições, que me exigiram um alto nível de resiliência, tive a oportunidade de ter ao meu lado um grupo de pessoas que acreditavam em mim, me apoiaram e estiveram ao meu lado. Isso fez total diferença em minha jornada até hoje!

Por fim, a prática da gratidão pode ser uma poderosa ferramenta para aumentar nossa resiliência e cultivar uma perspectiva mais positiva da vida. Robert Emmons diz que "a gratidão desbloqueia a plenitude da vida. Ela transforma o que temos em suficiente e mais. Ela transforma a negação em aceitação, caos em ordem e confusão em clareza".

Quero compartilhar aqui uma das mais importantes práticas que tenho em minha vida. Se essa não for a maior, é uma das Top 5! Sou uma pessoa grata por tudo! Acredito que ser grato é a chave para uma vida mais feliz. Sou grato em tempos de alegria, em tempos de tristezas, em tempos fáceis e em tempos difíceis. Sou grato quando tudo vai bem e quando tudo parece não ir bem. Não sou grato exatamente pelo fato que acontece, mas pelo que acredito estar por trás de tudo. Não acredito em coincidências ou acaso. Acredito na direção divina! Mas esse ponto deixo para um próximo livro.

Em resumo, a resiliência é um componente essencial na jornada em busca do propósito de vida. Ao cultivarmos a resiliência, podemos enfrentar os desafios da vida com coragem e determinação e descobrir nosso propósito mais profundo no processo. Que possamos abraçar os desafios da vida com resiliência e encontrar significado e propósito em cada passo do caminho.

EXPLORANDO VALORES E PRIORIDADES

Os valores e prioridades pessoais são os pilares que sustentam nossa identidade e direcionam nossas ações. Eles são as bases sobre as quais construímos nossas vidas e tomamos decisões. Ao explorarmos profundamente nossos valores e prioridades, podemos descobrir e viver nosso propósito de vida de forma mais autêntica e significativa.

Os valores são princípios fundamentais que orientam nossas escolhas e comportamentos. Eles definem o que consideramos importante em nossas vidas e influenciam na maneira como estabelecemos metas e tomamos decisões. Como observou Stephen Covey, autor e palestrante motivacional, "as coisas que importam mais não devem ser sacrificadas por coisas que importam menos". Portanto, explorar nossos valores nos ajuda a identificar o que realmente importa em nossas vidas.

As prioridades, por outro lado, são a manifestação prática de nossos valores. Elas representam como alocamos nosso tempo, energia e recursos para alcançar o que consideramos importante. Ter clareza sobre nossas prioridades nos permite viver de forma alinhada com nossos valores e, consequentemente, com nosso propósito de vida.

Viver uma vida saudável ou ter um estilo de vida de aprendizado contínuo não são possíveis se os valores relacionados à saúde física e aprendizado não estiverem sendo priorizados.

Explorar nossos valores e prioridades também nos ajuda a tomar decisões conscientes e informadas. Como disse James Clear, autor de *Hábitos atômicos*, "cada ação que você realiza é um voto para o tipo de pessoa que deseja se tornar". Ao conhecermos nossos valores, podemos fazer escolhas alinhadas com quem queremos ser e com o propósito de vida que desejamos viver.

VIVENDO COM PROPÓSITO E SIGNIFICADO

Ao rompermos as barreiras psicológicas e descobrirmos nosso propósito de vida, nos aproximamos cada vez mais de viver uma vida verdadeiramente significativa e realizada. Ao cultivarmos relacionamentos significativos, praticarmos a gratidão e a aceitação, explorarmos nossos valores e prioridades e persistirmos em nossa busca, encontramos um senso mais profundo de propósito e significado em nossas vidas. Isso nos ajuda a viver com mais autenticidade, alegria e realização e a contribuir de maneira positiva para o mundo ao nosso redor.

Em resumo, romper as barreiras psicológicas é essencial para descobrir nosso propósito de vida e viver de acordo com nossos valores mais profundos e autênticos. Isso envolve identificar e desafiar crenças autolimitantes, enfrentar o medo do desconhecido, cultivar o autoconhecimento e a consciência, praticar a gratidão e a aceitação, explorar novas possibilidades e experiências, cultivar relacionamentos significativos, explorar nossos valores e prioridades e persistir em nossa busca pelo propósito de vida. Ao fazermos isso, nos aproximamos de uma vida mais significativa, realizada e autêntica.

7

RECONHEÇA E MUDE DE FORMA DURADOURA

Na jornada da vida, muitas pessoas se encontram presas em padrões repetitivos, incapazes de criar mudanças duradouras. Essas barreiras psicológicas, muitas vezes invisíveis, podem impedir o crescimento pessoal e a realização do potencial máximo. Neste contexto, exploraremos o que mantém as pessoas presas e pode estar impedindo você de criar mudanças duradouras.

MEDO DO DESCONHECIDO

Uma das principais barreiras para a mudança é o medo do desconhecido. Muitas pessoas permanecem presas em situações insatisfatórias porque têm medo do que pode acontecer se tentarem algo novo. Como Carl Rogers, famoso psicólogo humanista, afirmou, "o medo do desconhecido é o maior medo do homem. Mas o desconhecido é apenas o que ainda não foi experimentado. Depois que foi experimentado, torna-se o conhecido". Essa citação destaca como o medo do desconhecido pode paralisar as pessoas, impedindo-as de avançarem em direção à mudança.

Essa barreira psicológica pode impedir as pessoas de buscarem e viverem seu propósito de vida. Essa barreira se manifesta quando as pessoas evitam tomar decisões importantes ou correr riscos por causa da incerteza e do medo do que pode acontecer. No entanto, enfrentar o medo do desconhecido é fundamental para a autodescoberta e para a realização pessoal.

O medo do desconhecido é uma resposta natural à incerteza. Segundo Rollo May, psicólogo existencial, "a insegurança é uma das características mais definidoras da condição humana". O medo do desconhecido pode nos proteger de perigos potenciais, mas também pode nos impedir de crescer e explorar novas oportunidades.

Como exemplo, uma pessoa pode ter medo de mudar de carreira por não saber se terá sucesso ou se será aceita em sua nova área de atuação. Ou alguém pode ter receio de viajar para um lugar desconhecido. E até mesmo uma pessoa pode ter medo de iniciar um novo relacionamento romântico por não saber como será.

Em termos psicológicos, esse medo pode se manifestar como ansiedade antecipatória em relação a situações ou decisões futuras. Pode levar à paralisia na tomada de decisões ou a uma aversão ao risco, o que pode limitar o desenvolvimento pessoal e a busca pelo propósito de vida.

ZONA DE CONFORTO

Outra barreira comum é a zona de conforto. Muitas pessoas se sentem seguras e familiarizadas com suas rotinas e padrões de vida atuais, mesmo que não estejam satisfeitas com eles. Como Abraham Maslow, psicólogo conhecido por sua hierarquia de necessidades, observou, "é assustador abandonar a segurança da família conhecida e avançar para o mundo desconhecido. No entanto, é precisamente essa aventura que é necessária para mover o homem para cima em direção à plenitude do ser". Essa citação destaca como sair da zona de conforto pode ser desafiador, mas essencial para o crescimento pessoal e a busca da realização.

A zona de conforto é um estado psicológico em que uma pessoa se sente segura, familiarizada e confortável com sua rotina, hábitos e ambiente. Embora a zona de conforto possa oferecer uma sensação de segurança temporária, permanecer nela pode impedir o crescimento pessoal e a busca pelo propósito de vida. Na perspectiva psicológica, sair da zona de conforto é essencial para explorar novas oportunidades e descobrir nosso verdadeiro potencial.

Tal empecilho pode ser visto como uma fronteira psicológica que limita nossas experiências e nos mantém dentro de uma faixa segura e previsível. Da mesma forma, quando estamos presos à zona de conforto, podemos nos tornar inflexíveis e resistir a novas ideias ou experiências.

A permanência nessa zona de conforto pode ser motivada por medo do desconhecido, aversão ao risco ou apego à estabilidade. No entanto, é importante reconhecer que a verdadeira realização pessoal e o propósito de vida muitas vezes estão além dessa zona.

Pare para pensar sobre a última vez que você ousou sair da zona de conforto! Tenho certeza que muitos aqui nesse mundo já passaram pelo o que passei quando me mantive prisioneiro em um trabalho que não me satisfazia mais simplesmente pelo medo de sair de onde estava e não ter a segurança que tinha no local em que havia plantado raízes.

AUTOIMAGEM NEGATIVA

A autoimagem negativa é outra barreira poderosa que impede as pessoas de criarem mudanças duradouras em suas vidas. Muitas vezes, as pessoas se veem como incapazes, indignas ou inadequadas para alcançar seus objetivos. Como Albert Ellis, fundador da terapia cognitivo-comportamental, afirmou: "as pessoas não são perturbadas pelas coisas, mas, sim, pela visão que têm delas". Essa citação destaca como a percepção negativa de si mesmo pode influenciar o comportamento e impedir as pessoas de buscarem mudanças positivas.

A autoimagem negativa pode se formar por diversos motivos, como experiências traumáticas, críticas persistentes durante a infância ou comparações sociais desfavoráveis. Ao internalizar essas experiências, a pessoa pode começar a acreditar que não é capaz ou que não merece o sucesso e a felicidade.

RESISTÊNCIA À MUDANÇA

A resistência à mudança é outra barreira comum que pode manter as pessoas presas em padrões insatisfatórios. Mesmo quando as pessoas reconhecem a necessidade de mudança, elas podem encontrar resistência interna para abandonar velhos hábitos e crenças. Como William James, considerado o pai da psicologia americana, observou, "a maior descoberta de minha geração é que os seres humanos podem alterar suas vidas mudando suas atitudes mentais". Existe a necessidade de enfrentar a resistência interna para a mudança acontecer.

A resistência à mudança é uma resposta natural à incerteza e ao desconforto que acompanham as transições. Imagine alguém querendo iniciar um novo *hobby*, como aprender a tocar bateria. Essa pessoa pode resistir à mudança pelo simples fato da possibilidade de descobrir que não é talentosa para isso. Ou até mesmo alguém que necessita emagrecer e se tornar mais saudável pode deixar de seguir com a dieta por ter que mudar hábitos antigos.

As barreiras psicológicas para a mudança são poderosas e, muitas vezes, sutis, mas não são intransponíveis. Com conscientização, autocompaixão e uma mudança de mentalidade, as pessoas podem superar essas barreiras e criar mudanças duradouras em suas vidas. Explorar as camadas mais profundas da mente para criar mudanças positivas e significativas é imprescindível.

QUEBRE O CICLO DA MUDANÇA: UM CAMINHO PARA A TRANSFORMAÇÃO PESSOAL

Em um momento de sua vida, Tales M. viveu no que chamo de "*looping* quase eterno". *Looping* nada mais é que repetir o mesmo ciclo inúmeras vezes sem conseguir mudar. Aos trinta anos de idade, ele trabalhou em uma grande empresa como um dos gerentes da organização. Tales M. ganhava razoavelmente bem, porém não vivia uma vida tão feliz como antes. Ele estava insatisfeito e sentia que não estava vivendo o que deveria viver. Ele não conseguia crescer mais na empresa, e nem mesmo seu salário era modificado consideravelmente.

O que acontecia com Tales M. estava afetando sua vida pessoal, seus relacionamentos e até mesmo o estava deixando mais triste e sem vontade de viver. Ele se sentia preso em uma rotina monótona e desmotivadora, em que não via possibilidades de crescimento ou avanço. Apesar dessa insatisfação, ele continuava indo ao trabalho, evitando questionar sua situação ou procurar alternativas.

Nosso querido amigo se sentia frustrado, mas, em vez de tomar medidas para mudar sua situação, ele se conformava com sua posição atual. Ele temia sair da zona de conforto e se arriscar em algo novo, pois tinha medo de falhar ou de não ser capaz de se adaptar a um novo ambiente.

Em nossas vidas, muitas vezes, nos encontramos presos em ciclos de comportamentos ou padrões que nos impedem de progredir ou alcançar nossos objetivos. Esses ciclos podem parecer intermináveis, mas, com consciência e esforço consciente, é possível quebrá-los e embarcar em uma jornada de transformação pessoal. Quero explorar com você o processo de quebrar o ciclo da mudança para o propósito.

RECONHEÇA O PADRÃO

O primeiro passo para quebrar o ciclo da mudança é reconhecer o padrão que nos mantém presos. Muitas vezes, esses padrões são automáticos e inconscientes, tornando-se difícil identificá-los.

Ao reconhecer esses padrões, você pode começar a compreender de onde eles vêm e como eles afetam sua vida. Uma maneira prática de fazer isso é por meio da auto-observação e da reflexão pessoal. Mantenha um diário para registrar seus comportamentos, pensamentos e emoções ao longo do dia. Ao revisitar suas anotações, você pode identificar padrões recorrentes e começar a questionar sua origem.

A psicóloga Harriet Lerner enfatiza a importância de explorar a história familiar e as dinâmicas interpessoais que podem estar influenciando nossos padrões. Ao entender a influência dessas experiências, você pode começar a desafiar os padrões que foram internalizados e buscar novas maneiras de se comportar.

Outro aspecto que pode ser bem útil nessa jornada é procurar por situações ou eventos que desencadeiam reações ou comportamentos específicos. Esses gatilhos podem estar relacionados a experiências passadas ou crenças limitantes.

Além disso, pode ser útil buscar o apoio de um psicólogo para ajudá-lo a identificar e explorar esses padrões de maneira mais profunda. Um profissional pode oferecer uma perspectiva externa e orientações sobre como lidar com esses padrões de forma construtiva.

ACEITE A RESPONSABILIDADE

Uma vez que reconhecemos o padrão, é importante aceitar a responsabilidade por nossas ações e escolhas. Como

Carl Rogers, psicólogo humanista, observou, "a única pessoa que está educada é a que aprendeu a aprender e a mudar".

A aceitação da responsabilidade pessoal é uma etapa fundamental para quebrar ciclos repetitivos e avançar em direção a uma vida mais significativa e alinhada com o propósito pessoal.

O psicólogo alemão Erich Fromm destacou a importância da responsabilidade pessoal em sua obra *The Art of Loving* (A arte de amar), ao afirmar: "A liberdade é a capacidade de tomar decisões e aceitar a responsabilidade por elas". Esse conceito de responsabilidade pessoal está intrinsecamente ligado à liberdade de escolha e ao autodesenvolvimento.

"EXERÇA SUA AUTONOMIA E AUTODETERMINAÇÃO PARA ENCONTRAR REALIZAÇÃO E SATISFAÇÃO."
(JORGE COELHO)

DESAFIE CRENÇAS LIMITANTES

Por certas vezes, nossos padrões de comportamento são alimentados por crenças limitantes sobre nós mesmos ou sobre o mundo ao nosso redor. As crenças limitantes são ideias ou pensamentos autodepreciativos que mantemos sobre nós mesmos, sobre os outros ou sobre o mundo. Elas têm o potencial de nos manter presos em ciclos repetitivos, nos impedindo de alcançar nosso verdadeiro potencial ou encontrar nosso propósito de vida.

É crucial desafiar essas crenças e substituí-las por pensamentos mais capacitadores. Como Albert Ellis, fundador da terapia cognitivo-comportamental, afirmou: "As pessoas não são perturbadas pelas coisas, mas, sim, pela visão que têm delas".

O psicólogo Donald Meichenbaum, conhecido por suas contribuições à terapia cognitivo-comportamental, enfatiza a importância de identificar e modificar crenças irracionais para promover mudanças duradouras. Ele sugere que as pessoas se tornem conscientes de seus pensamentos automáticos e os desafiem com perguntas, como: "Essa crença é baseada em fatos?"; e "Que evidências tenho para apoiar essa crença?".

Particularmente, tenho como prática pessoal fazer questionamentos sobre o que penso. Por exemplo, se você pensa "Não sou bom o suficiente para esse trabalho", considere suas realizações passadas, habilidades e *feedbacks* positivos que já recebeu. Na clínica, sugiro algumas ações, como conversar com amigos, familiares ou colegas de confiança, para obter diferentes perspectivas sobre a situação ou crença. Existe muito mais e tudo está a um passo de sua decisão.

DESENVOLVA A AUTOCONSCIÊNCIA

A autoconsciência é fundamental para quebrar o ciclo da mudança, pois nos permite reconhecer quando estamos caindo em padrões antigos e a tomar medidas para interrompê-los. Como Jon Kabat-Zinn, conhecido por seu trabalho em *mindfulness*, observou, "a consciência é a maior agente de mudança". Uma das formas mais impactantes é ouvir outra pessoa. Peça *feedbacks* ou pontos de vista de outras pessoas, para ter mais certeza sobre o que você vive e entrar em contato consigo mesmo.

PRATIQUE A ACEITAÇÃO

Aceitar a realidade como ela é, sem julgamento ou resistência, é essencial para quebrar o ciclo da mudança. Como Viktor Frankl, psiquiatra e sobrevivente do holocausto, afirmou, "quando não podemos mudar uma situação, somos desafiados a mudar a nós mesmos". A aceitação da realidade pode nos libertar do sofrimento e nos capacitar a fazer escolhas mais conscientes e construtivas. Uma das diversas formas de viver essa etapa é desafiar expectativas irrealistas. Avalie suas expectativas sobre si mesmo e os outros. Pergunte a si mesmo se essas expectativas são realistas e justas. Ao ajustar suas expectativas, você pode se tornar mais flexível e aceitar melhor a realidade.

BUSQUE APOIO

Por fim, buscar apoio e orientação de outras pessoas pode ser fundamental para quebrar o ciclo da mudança. Brené Brown, pesquisadora e autora, traz um pensamento que é a raiz e início de toda uma vida transformada: "A coragem começa com mostrar vulnerabilidade e pedir ajuda". Pedir ajuda não é um sinal de fraqueza, mas, sim, de força e coragem.

Quebrar o ciclo da mudança não é fácil, mas é possível com esforço consciente, autocompaixão e apoio. Ao reconhecer e desafiar padrões de comportamento antigos, cultivar autoconsciência e uma mentalidade de crescimento e buscar apoio de outras pessoas, podemos nos libertar dos ciclos que nos mantêm presos e embarcar em uma jornada de transformação pessoal. Como Carl Jung observou, "eu não sou o que aconteceu comigo, eu sou o que escolhi me tornar".

8

SINTONIZE PARA ENCONTRAR SEU PROPÓSITO

Se você chegou a este capítulo da jornada de descoberta de seu propósito de vida, com certeza está prestes a cruzar um dos momentos cruciais de sua existência.

Neste momento, você já deve conseguir enxergar muito mais sobre quem você é, seus valores, inclinações e desejos e ainda conseguiu dialogar consigo sobre diversos aspectos da vida. E exatamente por isso você consegue enxergar e sentir algumas dores, incapacidades e processos que ainda necessita vencer para se aproximar ainda mais da plenitude de vida.

Quero convidá-lo a entrar nos esconderijos de sua vida que o ajudarão a dar passos para ainda mais próximo de ser quem você nasceu para ser.

Se existe algo que aprendi, e que acredito ter sido Deus a me ensinar foi:

> "AS DIFICULDADES OU DORES SÃO OPORTUNIDADES DISFARÇADAS."
> (JORGE COELHO)

DÊ À DOR UM PROPÓSITO: TRANSFORMANDO O SOFRIMENTO EM CRESCIMENTO

A dor é uma parte inevitável da experiência humana. Todos nós enfrentamos momentos de sofrimento, perda e adversidade ao longo de nossas vidas. No entanto, muitas vezes, podemos sentir que essa dor é sem sentido ou injusta.

Viktor Frankl, psicólogo e autor de *Em busca de sentido*, destaca que, mesmo nos momentos mais sombrios, como quando foi prisioneiro em um campo de concentração, as pessoas podem encontrar significado em seu sofrimento. Ele argumenta que a busca por significado é uma necessidade humana fundamental e que podemos dar um propósito à dor ao escolher como responder a ela.

Um dos momentos de grande dor na minha vida foi no nascimento de meu filho Joe. Ele nasceu no epicentro de uma das maiores calamidades da humanidade, conhecida como covid-19. Mas esse não foi o centro de minhas dores.

Aos onze dias de nascido, me lembro como hoje, minha esposa estava passando por muitas dores de cabeça. Naquele específico dia, ao fim da tarde, ela estava amamentando e, quando havia terminado, fui pegar meu filho. Minha esposa saiu para olhar umas mensagens no *WhatsApp*, e, de repente, tudo aconteceu. Ela convulsionou na sala enquanto eu estava com Joe no *deck*, e, então, ouvi o grito de minha mãe. Corri com meu filho nos braços e fui socorrê-la.

Resumindo, minha esposa desmaiou e, ao acordar, não se lembrava de nada. Mas não se lembrava de nada da vida dela toda. Ao chegar ao hospital, dois diagnósticos diferentes, um de eclâmpsia pós-parto e outro de uma vasoconstrição. Após ser medicada e sua pressão estar mais alta que o Everest, voltou para casa, e, logo depois, teve que retornar. Quando retornou, fizeram-na ser internada por covid-19, sem estar com a enfermidade. Tudo isso, eu sozinho com meu filho de onze dias em casa, sem poder sair, pois tudo era a pandemia. Não podia ter visitas, levar visitas, fazer visitas.

Uma pergunta poderia ter surgido em minha vida: "Por que tudo isso está acontecendo comigo?". Sou uma pessoa boa e que somente faz o bem. Minha esposa é maravilhosa, e meu filho apenas acabou de nascer. Contudo, o que busquei foi entender qual o propósito de tudo isso. Saber o que deveria aprender com todas as coisas que aconteciam. Entendo que "a dor pode ser uma mensageira, um guia para o que precisamos reconhecer, aceitar ou transformar em nossas vidas" (James Hillman).

Durante e após a dor, necessitamos ter certas posturas para que o propósito de vida seja evidenciado, para que nossa contribuição com a vida e para com os outros seja estabelecida. Para isso, quero compartilhar alguns *insights* que irão ajudá-lo.

ACEITANDO A DOR COMO PARTE DA JORNADA

Antes de podermos dar à dor um propósito, é importante reconhecer a natureza da dor e como ela afeta nossas vidas. Ao aceitar a dor como parte da jornada, podemos aprender a lidar com ela de forma mais saudável e significativa.

O psicólogo americano William James argumentou que "a dor é uma condição para a consciência". Isso sugere que, ao experimentar a dor, estamos aprendendo algo novo sobre nós mesmos e sobre a vida. Em vez de rejeitar a dor, podemos abraçá-la como uma oportunidade de aprofundar nossa compreensão de nós mesmos e de nossa jornada.

Gosto muito de uma oração, conhecida como *Oração da Serenidade*. Acredito que muito mais que repetir como uma reza, precisamos vivê-la e orar a sua essência. Ela fala assim: "Senhor, concede-me a serenidade necessária para aceitar aquilo que não posso mudar; me dá coragem para mudar aquilo que posso; e sabedoria para reconhecer a diferença entre as duas". Existem coisas na vida que não vão mudar por maior força que exerça. A morte de alguém, a perda de um emprego, uma doença que surgiu ou um fato que tenha ocorrido. O que pode mudar sou eu. O que pode mudar é a forma como enxergo aquilo que não posso mudar.

TRANSFORME ADVERSIDADE EM PROPÓSITO

Embora a dor possa ser uma experiência difícil, muitos psicólogos argumentam que podemos encontrar significado mesmo nos momentos mais desafiadores. Como Viktor Frankl afirmou, "o homem pode suportar quase qualquer coisa, desde que tenha um porquê".

A vida é cheia de altos e baixos e, em meio às adversidades, muitas vezes nos perguntamos por que passamos por momentos de dor. No entanto, encontrar significado na adversidade pode nos ajudar a transformar essas experiências difíceis em oportunidades de crescimento pessoal e propósitos mais profundos.

O psicólogo Richard Tedeschi, conhecido por seu trabalho sobre crescimento pós-traumático, destaca que as pessoas podem emergir de experiências traumáticas com uma nova compreensão de si mesmas, de suas relações com os outros e do mundo ao seu redor. Ele argumenta que a adversidade pode ser um catalisador para um novo propósito de vida e maior resiliência.

Veja a dor como um sinal ou mensageira que pode estar apontando para algo que precisa de atenção. Pergunte a si mesmo o que a dor pode estar tentando lhe ensinar ou quais mudanças você pode precisar fazer. Imagine que você está sentindo dor nas costas. Em vez de ignorar a dor, você decide investigar se a dor está relacionada à má postura, estresse ou falta de exercícios. Se você enfrentou um relacionamento tóxico, reflita sobre as lições aprendidas em relação aos seus limites pessoais e à importância de relacionamentos saudáveis.

AMPLIE APÓS O TRAUMA

Muitos estudos na área da psicologia mostraram que, embora o trauma possa ser devastador, também pode ser uma oportunidade para o crescimento pessoal. Como Martin Seligman, psicólogo conhecido por seu trabalho em psicologia positiva, observou, "a adversidade é um trampolim para o crescimento".

O crescimento pós-traumático é um conceito na psicologia que se refere ao processo de transformação positiva que pode ocorrer como resultado de experiências traumáticas ou adversidades significativas. Em vez de ver a dor como um impedimento, o crescimento pós-traumático sugere que as pessoas podem usar essas experiências como uma oportunidade para crescer e encontrar um novo propósito de vida.

O psicólogo Richard Tedeschi, junto com seu colega Lawrence Calhoun, desenvolveu a teoria do crescimento pós-traumático. Eles afirmam que, embora a dor e a adversidade possam ser devastadoras, muitas pessoas experimentam mudanças positivas em áreas como relacionamentos, autoconhecimento e apreciação pela vida como resultado de suas experiências difíceis.

Alguém que enfrenta uma doença grave pode reavaliar sua vida e decidir dedicar mais tempo às atividades e aos relacionamentos que realmente importam, priorizando o que traz alegria e realização. Uma pessoa que sobreviveu a um acidente grave pode decidir dedicar-se a campanhas de conscientização sobre segurança no trânsito ou oferecer apoio a outras pessoas que passaram por experiências semelhantes.

O crescimento pós-traumático é uma jornada de transformação que requer tempo e paciência. Abraçar a dor como parte da jornada pode levar a um novo propósito de vida e um crescimento positivo que enriquece sua experiência humana.

TRANSFORMANDO A DOR EM CRESCIMENTO ESPIRITUAL

A dor é uma parte inerente da experiência humana, mas também pode ser uma oportunidade de crescimento espiritual. Ao enfrentar desafios e adversidades, muitas pessoas encontram maior conexão com seu propósito e significado na vida. A dor pode ser transformada em crescimento espiritual quando aceitamos sua presença e buscamos aprender com ela.

O psicólogo estadunidense John Welwood, conhecido por seu trabalho sobre psicologia espiritual, sugere que "a dor pode ser um portal para o crescimento espiritual quando enfrentada com uma mente aberta e um coração receptivo". Ele acredita que a dor pode nos levar a uma maior compreensão de nós mesmos e a uma conexão mais profunda com algo maior do que nós.

Como disse Jesus, em João 16:33: "No mundo tereis aflições, mas tende bom ânimo, eu venci o mundo". Essas palavras encorajam a perseverança e a esperança em meio à dor.

Durante minha jornada de vida, pude encontrar com muitas pessoas que viviam sem significado algum. Encontrei e ajudei pessoas milionárias que tinham tudo, e não tinham nada. E pessoas que não tinham nada em qualquer sentido. Adolescentes, jovens, adultos, casados, divorciados, viúvos. Jogadores, comedores compulsivos. Dependentes químicos e codependentes emocionais. Pessoas que haviam entregado suas vidas ao crime e outros que trabalhavam em Organizações Sociais internacionais.

Sabe qual o comum em todas elas? Todas, e sem exceção, necessitavam de algo maior do que podiam fazer, algo maior do que podiam pensar, algo maior do que poderiam resolver. Todas elas somente conseguiram viver acima de suas dores, quando encontraram alguém maior do que elas e de suas dores: Deus.

C. S. Lewis, autor e teólogo britânico, escreveu sobre a dor em seu livro *O problema do sofrimento* e afirmou: "Deus sussurra para nós em nossos prazeres, fala em nossa consciência, mas grita em nossa dor; é seu megafone para despertar um mundo surdo". Lewis sugere que a dor pode ser um meio pelo qual Deus chama nossa atenção para algo importante em nossas vidas. Não que Deus traga o sofrimento, mas como que utiliza dele para um bem.

Tiago 1:2-4 nos lembra de considerar a dor e as provações como uma oportunidade para crescer em perseverança e fé. Abraçando a dor com uma mente aberta e um coração receptivo, podemos transformá-la em crescimento espiritual e encontrar um propósito mais profundo em nossas vidas.

A dor realmente é um dos grandes protagonistas em uma busca por propósito. Todavia, para sintonizar sua vida e encontrar seu propósito de vida, faz-se necessário passar por pelo menos, mas não somente, outras duas questões: busca por aprovação e a indecisão.

LIVRE-SE DA BUSCA POR APROVAÇÃO

A busca por aprovação é um padrão comum de comportamento que pode se manifestar de várias formas em nossas vidas. Desde a infância, somos condicionados a buscar a validação externa e agradar aos outros como uma forma de nos sentir valorizados e aceitos. No entanto, essa busca incessante por aprovação pode nos impedir de viver uma vida autêntica e alinhada com nosso propósito mais profundo.

Quando nos concentramos excessivamente em agradar aos outros ou em buscar sua aprovação, corremos o risco de perder nossa autenticidade e conexão com nossos próprios valores. Para encontrar e viver nosso propósito de vida, é fundamental libertar-se da busca por aprovação e desenvolver uma maior autonomia e autoconfiança. Rogers argumentou que, ao buscar constantemente a aprovação externa, deixamos de nos ouvir e perdemos contato com nossa verdadeira essência.

A RAIZ DA BUSCA POR APROVAÇÃO

A busca por aprovação é frequentemente enraizada em questões de autoestima e autoconfiança. Como observou Carl Rogers, renomado psicólogo humanista, "a busca constante pela aprovação dos outros é o reflexo da nossa falta de autoaceitação".

Ao se libertar da busca por aprovação, você pode começar a se concentrar em suas próprias necessidades e desejos em vez de buscar constantemente agradar aos outros. Isso pode ajudá-lo a cultivar uma maior autenticidade e viver uma vida mais alinhada com seus valores e propósito.

Quando mais novo, interpretei que seria mais aceito quando aprovado por outros da minha família, e até mesmo fora dela. Isso gerou grandes repercussões na minha vida e, obviamente, causaram alguns problemas. Devido à essa minha necessidade por aprovação, comecei a dizer muitos "SIM" às pessoas que me pediam algo. O que logo fez com que minha agenda ficasse de cabeça para baixo. Lembro-me de um momento específico em que havia marcado de ir à praia com minha namorada e atual esposa e, no mesmo horário, tocar em um estúdio e me encontrar com uma pessoa da igreja que frequentava. Acho que não preciso explicar como ficou minha cara nesse dia ao ter que desmarcar com todos, pois não conseguia chegar a lugar algum!

Gosto de pensar sobre a seguinte afirmação que o autor e pesquisador John Bradshaw disse: "A verdadeira liberdade é ser fiel a si mesmo". Quando deixamos de lado a necessidade de aprovação externa, permitimos que nossa verdadeira essência e autenticidade brilhem, o que pode nos levar a uma vida mais plena e significativa.

> "A BUSCA POR APROVAÇÃO É A NEGAÇÃO DE SI MESMO."
> (JORGE COELHO)

Ao se concentrar em seus próprios valores, você pode começar a tomar decisões com base em suas prioridades pessoais, em vez de depender da opinião dos outros. Isso pode ajudá-lo a permanecer fiel a si mesmo e a seguir um caminho que realmente o satisfaz.

PADRÕES DE COMPORTAMENTO ASSOCIADOS À BUSCA POR APROVAÇÃO

Existem diversos padrões de comportamento que podem estar ligados à busca por aprovação, como o medo de decepcionar os outros, a dificuldade em dizer "não" e a tendência de se comparar constantemente aos outros. Como observou

Erich Fromm, psicanalista e filósofo social, "o desejo de ser amado é o último vestígio da busca pela liberdade".

Diversas são essas raízes que podem variar de pessoa para pessoa, mas geralmente giram em torno da **necessidade de pertencimento e aceitação**, em que, desde a infância, os seres humanos têm uma necessidade fundamental de se sentir pertencentes e aceitos por seu grupo social. Quando essa necessidade não é atendida adequadamente, pode levar à busca por aprovação como uma forma de garantir aceitação.

A **autoimagem negativa** produz o sentir-se inadequado ou não merecedor de amor e respeito e pode levar à busca por validação externa. Essas crenças podem surgir de experiências de rejeição, críticas ou falhas significativas. Outra raiz é a famosa **rejeição ou abandono**, que é encontrada em pessoas que passaram por experiências de rejeição ou abandono, especialmente durante a infância. Desse modo, pode levar a pessoa a buscar aprovação como uma forma de evitar a dor da rejeição e garantir segurança emocional.

Na atualidade, existe uma ênfase nas **comparações sociais**. A exposição constante a comparações sociais, especialmente em redes sociais, pode aumentar a pressão para buscar aprovação dos outros e conformidade com certos padrões.

APESAR DA INDECISÃO

A indecisão é um estado emocional que pode paralisar nossas ações e impedir nosso progresso pessoal e profissional. Quando nos sentimos indecisos, tendemos a ficar presos em um ciclo de dúvida e incerteza, incapazes de tomar uma decisão clara e seguir em frente. No entanto, superar a indecisão é possível e pode nos capacitar a agir com confiança e determinação em direção aos nossos objetivos.

Gostaria que você pensasse naquele momento de sua vida em que não soube o que fazer. Ficou indeciso por ter várias opções e não saber o melhor a fazer. Talvez, você tenha enfrentado alguma situação como ter que escolher entre mudar de emprego ou permanecer nele. Ou sobre o fato de não saber que carreira seguir diante de tantas possibilidades. O psicólogo Barry Schwartz, autor do livro *The Paradox of Choice* (*O paradoxo da escolha*), argumenta que ter muitas opções pode levar à indecisão e à paralisia da análise. Schwartz sugere limitar o número de escolhas e confiar em seus próprios valores e intuição para tomar decisões mais eficazes.

O que realmente acontece é que a indecisão surge do medo do desconhecido. E é também exatamente isso que acontece com relação ao propósito de sua vida. Inúmeras pessoas não conseguem viver o propósito de suas vidas devido ao medo do desconhecido.

> **"O MEDO DO DESCONHECIDO E A MULTIPLICIDADE DE OPORTUNIDADES PARALISAM A VIDA E ROUBAM O PROPÓSITO."**
> **(JORGE COELHO)**

A indecisão também pode ser alimentada por influências externas, como pressões sociais e culturais, para seguir certos caminhos ou agradar aos outros. Nesses casos, é importante voltar a nossa atenção para dentro e buscar alinhar nossas escolhas com nossos próprios valores e objetivos.

> "A CERTEZA PRODUZ SEGURANÇA E MONOTONIA, ENQUANTO A INCERTEZA PRODUZ INSEGURANÇA E DINAMISMO."
> (JORGE COELHO)

A indecisão pode ser vencida quando for desenvolvida a capacidade de lidar com a incerteza. O psicólogo Irvin Yalom compartilhou que a aceitação da incerteza é fundamental para viver uma vida autêntica. Ao abraçar a incerteza e confiar em nossa capacidade de aprender com as escolhas que fazemos, podemos avançar com mais confiança em direção ao nosso propósito de vida.

Superar a indecisão é uma jornada contínua que envolve coragem, confiança em si mesmo e a disposição de aprender com as experiências. Ao nos libertarmos da dúvida e abraçarmos a ação consciente, podemos nos aproximar mais de nossos objetivos e viver uma vida mais significativa e alinhada com nossos valores e paixões.

Às vezes, a melhor maneira de superar a indecisão é simplesmente agir. Como disse William James, "ação pode nem sempre trazer felicidade; mas não há felicidade sem ação". *Think about it*!

9

VIVA COM PROPÓSITO, DE PROPÓSITO E PARA UM PROPÓSITO

Viver uma vida com propósito é uma busca que muitas pessoas empreendem em sua jornada pessoal. O propósito dá significado à vida, guia nossas ações e escolhas e nos conecta a algo maior do que nós mesmos. Para viver uma vida com propósito, é fundamental tomar decisões conscientes que estejam alinhadas com nossos valores, paixões e objetivos. Isso significa viver com propósito, de propósito e para um propósito.

Quando vivemos **com propósito,** estamos comprometidos com nossos valores fundamentais e nossos objetivos de vida. Isso nos ajuda a fazermos escolhas que nos aproximam do que realmente importa para nós. Como disse o autor e palestrante motivacional Stephen Covey, "as coisas mais importantes não devem ser sacrificadas pelas coisas menos importantes". Viver com propósito exige clareza de nossos valores e metas e a coragem de tomar decisões alinhadas com eles.

Viver **de propósito** significa ser intencional em nossas ações e escolhas. Não é apenas agir no piloto automático, mas, sim, tomar decisões deliberadas com base em nosso propósito de vida. O psicólogo Viktor Frankl enfatiza a importância de encontrar significado nas nossas vidas e destaca que, ao viver com propósito, nos sentimos capacitados a enfrentar desafios e a crescer por meio deles. Para Frankl, o que nos motiva é a busca por um propósito, e tomar decisões alinhadas com esse propósito nos direciona para nosso potencial máximo.

Viver **para um propósito** é focar nossa energia em contribuir para algo maior do que nós mesmos. Pode ser servir à comunidade, trabalhar por uma causa em que acreditamos ou buscar um impacto positivo no mundo. O teólogo e ativista Martin Luther King Jr. afirmou: "A verdadeira medida de um homem não é como ele se comporta em momentos de conforto, mas como ele age em momentos de desafio e controvérsia". Viver para um propósito significa usar nossas habilidades e talentos para servir a algo além de nossos interesses pessoais.

Tomar decisões alinhadas com nosso propósito é um processo contínuo de autoconhecimento e crescimento. Exige reflexão regular sobre nossos valores e objetivos e a disposição de ajustar nossas escolhas conforme aprendemos mais sobre nós mesmos e sobre o mundo ao nosso redor.

É importante reconhecer que viver com propósito, de propósito e para um propósito não significa que a jornada será isenta de desafios ou dificuldades. No entanto, ao manter nosso foco em nossos valores e objetivos, podemos navegar pelas adversidades com maior resiliência e determinação.

Tomar decisões com propósito também pode nos ajudar a encontrar um maior senso de satisfação e realização em nossas vidas. Quando nossas escolhas estão alinhadas com nossos valores e objetivos, estamos mais propensos a experimentar uma sensação de plenitude e gratidão.

Ao viver com propósito, de propósito e para um propósito, estamos assumindo o controle de nossas vidas e direcionando nossas ações para aquilo que realmente importa para nós. Essa abordagem pode nos levar a uma vida mais significativa, autêntica e gratificante, em que cada decisão nos aproxima mais de nosso propósito de vida.

DECIDA VIVER O QUE VOCÊ NASCEU PARA SER

Decidir viver o que você nasceu para ser é uma jornada para encontrar e viver o propósito de vida, que é único para você. Essa decisão envolve aceitar sua singularidade, compreender seus valores e paixões e tomar medidas ativas para alinhar suas escolhas com seu propósito pessoal.

O psicólogo Abraham Maslow, conhecido por sua teoria da hierarquia das necessidades, descreveu a necessidade de autorrealização como a busca para se tornar aquilo que se é capaz de ser. Isso inclui a realização de nosso potencial, talentos e interesses mais profundos. Maslow argumentou que, ao buscar a autorrealização, estamos tomando medidas para viver o que nascemos para ser.

Encontrar seu propósito de vida requer autoconhecimento e uma compreensão de seus valores, paixões e aspirações. Isso pode envolver uma jornada de exploração pessoal, experiências novas e reflexão sobre suas forças e talentos.

Ao decidir viver o que você nasceu para ser, você pode começar a tomar decisões alinhadas com seu propósito pessoal.

Isso pode significar mudar de carreira, buscar novos *hobbies* ou interesses ou ajustar seus objetivos de vida.

Havia terminado a faculdade de Administração e *Marketing*, e ainda não havia conseguido nenhum emprego. Na realidade, estava passando por uma situação bem difícil financeiramente falando. Enquanto trilhava essa jornada, nunca havia deixado de fazer o que sempre amei fazer: cuidar dos menos favorecidos e à margem da sociedade. Então, estava liderando ações sociais em projeto social em uma das comunidades mais pobres e mais violentas de Fortaleza (CE).

O detalhe é que essa organização social era vinculada com a igreja que eu era membro. Depois de um tempo servindo como voluntário, fui chamado pela liderança para fazer um curso de Teologia em Belo Horizonte. Aceitei essa proposta, pois sabia que tinha tudo a ver com o meu propósito de vida.

Após tudo organizado para ir fazer o seminário, e exatamente uma semana antes de embarcar, recebo uma ligação de uma das empresas referências da cidade me oferecendo não uma oportunidade de participar de uma seleção, mas para me efetivar em uma empresa. O que mais me impactou foi a oferta de salário e benefícios que até então nunca havia tido. A pessoa com quem falava somente faltou dizer que eu seria sócio da empresa! Brincadeiras à parte, naquele instante tive que decidir o que fazer. Se embarcaria para fazer um curso sem nenhuma garantia de nada, de emprego ou salário. Ou se aceitaria aquela proposta altamente tentadora e embarcaria para finalmente dar um *upgrade* na minha profissão com um salário muito bom e oportunidade de crescimento.

Posso dizer a você que na hora fiquei impressionado como aquela proposta apareceu justamente em um momento tão especial para mim, assim, me colocando em uma situação altamente difícil. Posso dizer a você que se tivesse acontecido antes de ter sido chamado para fazer o seminário, eu teria aceitado. Mas, naquele momento, minha resposta foi: "NÃO!". E ainda após o meu "não", a pessoa perguntou se eu estava entendendo a proposta de verdade. E insistiu mais uma vez.

Sabia que minha decisão era importante. Somente não sabia o que aquela decisão implicaria em tudo o que vivo hoje. Não tinha ideia do quanto impactaria e me levaria por onde passei e por onde estou hoje. E com certeza essa decisão foi crucial para esta obra que escrevo.

DECIDA DECIDIR

Decidir viver o que você nasceu para ser também requer coragem e determinação para tomar medidas ativas em direção ao seu propósito. Isso pode envolver superar barreiras, desafios e dúvidas pessoais para seguir seus sonhos e aspirações.

O autor e palestrante Simon Sinek defende a importância de encontrar o "porquê" em nossas vidas. Para Sinek, descobrir seu propósito pessoal é fundamental para encontrar satisfação e realização em todas as áreas da vida. Ele sugere que, ao identificar seu "porquê", você pode encontrar clareza em suas escolhas e direcionar suas ações para aquilo que realmente importa para você.

Ao decidir viver o que você nasceu para ser, você está tomando o controle de sua vida e escolhendo um caminho que o leva em direção à autorrealização e à satisfação. Isso pode ser uma jornada desafiadora, mas também é uma jornada que pode trazer significado profundo e um senso de propósito duradouro.

Como disse o filósofo Søren Kierkegaard, "a aventura mais corajosa é ser você mesmo". Decidir viver o que você nasceu para ser é uma decisão corajosa que pode levá-lo a uma vida mais significativa e autêntica.

O PODER DE DECIDIR

Decidir é um ato consciente que envolve escolher tomar medidas concretas para alinhar sua vida com seu propósito. Essa decisão pode ser transformadora, pois o capacita a traçar um caminho que reflete suas paixões e valores mais profundos. A capacidade de decidir pode mudar o curso de sua vida, ajudando-o a realizar seus sonhos e objetivos.

Assumir a responsabilidade por suas escolhas é um passo fundamental em direção a uma vida com propósito. Isso significa aceitar que suas decisões têm um impacto direto em sua vida e que você tem a capacidade de moldar seu futuro. Quando você toma responsabilidade por suas ações, também assume a liderança em sua própria vida e se torna o protagonista de sua jornada.

Estabelecer metas claras e específicas é crucial para tomar decisões alinhadas com seu propósito de vida. Metas bem definidas atuam como uma bússola que orienta suas escolhas e ações. Elas permitem que você tenha um foco claro e tome decisões mais eficazes, mantendo-o no caminho em direção a seus objetivos.

Decidir envolve aceitar riscos calculados e estar disposto a enfrentar a possibilidade de falhas. A psicóloga Angela Duckworth, especialista em perseverança, argumenta que a garra é essencial para alcançar metas em longo prazo. Aceitar riscos faz parte do processo de aprendizado e crescimento, e cada decisão oferece uma oportunidade de aprendizado e aperfeiçoamento.

Ouvir sua voz interior e confiar em seus instintos pode ser uma ferramenta poderosa para tomar decisões alinhadas com seu propósito. Sua intuição pode guiá-lo para escolhas que refletem sua essência e visão de mundo. Ao confiar em si mesmo, você pode agir com mais autenticidade e confiança.

Buscar conselhos de mentores, amigos ou profissionais de confiança pode oferecer novas perspectivas e *insights* valiosos para tomar decisões mais informadas. O autor Adam Grant sugere que a colaboração com outras pessoas pode ampliar sua visão e ajudá-lo a considerar opções que talvez não tivesse pensado sozinho.

Decidir é um compromisso com a autogestão e com a busca pelo propósito de vida. Envolve assumir responsabilidade por suas escolhas, estabelecer metas claras, aceitar riscos, confiar em sua intuição e buscar orientação quando necessário. Ao abraçar essa abordagem intencional à tomada de decisão, você pode criar uma vida que reflete suas verdadeiras aspirações e realizações pessoais.

CAMINHOS PARA UMA VIDA SIGNIFICATIVA

Viver uma vida com propósito é uma busca que envolve consciência de si mesmo e de sua missão na vida, mas também exige um esforço consciente para alinhar nossas ações com nossos objetivos e valores. Além disso, viver para um propósito nos leva a contribuir para algo maior do que nós mesmos, buscando um impacto positivo no mundo ao nosso redor.

O psicólogo Mihaly Csikszentmihalyi, conhecido por sua teoria de *flow* (estado de fluxo), afirma que as pessoas alcançam uma sensação de felicidade e realização ao se engajar em atividades desafiadoras que estejam alinhadas com seus talentos e paixões. Viver com propósito envolve encontrar atividades que proporcionem um estado de fluxo e contribuam para nosso crescimento pessoal.

Imagine agora você conseguir identificar de forma precisa aquilo que te envolve

A JORNADA VALE MAIS QUE O DESTINO

Encontrar o propósito da vida é uma jornada que muitos de nós empreendemos para descobrir um sentido mais profundo em nossas ações e nos alinharmos com nossos valores e paixões. Essa busca pode levar a uma vida mais satisfatória e significativa, pois nos permite viver de acordo com aquilo que realmente importa para nós.

Um conceito que pode nos ajudar a explorar essa busca pelo propósito é o ***Ikigai***. De origem japonesa, o *Ikigai* é um termo que pode ser traduzido como "razão de viver" ou "razão de ser". Esse conceito é tradicionalmente associado à cultura japonesa, em que se acredita que encontrar o próprio *Ikigai* pode levar a uma vida mais longa e feliz.

O autor Hector Garcia, em seu livro *Ikigai: The Japanese Secret to a Long and Happy Life*, descreve o *Ikigai* como a interseção entre aquilo que você ama, aquilo em que você é bom, aquilo que o mundo precisa e aquilo pelo qual você pode ser pago. Essa interseção pode ser um indicador de seu propósito, principalmente quando você já tem todo o entendimento até aqui abordado.

Para seu melhor aproveitamento e entendimento, quero presentear você com uma forma fácil e prática de identificar alguns aspectos que o ajudarão a se perceber melhor e, assim, facilitar o entendimento daquilo que você nasceu para ser.

Primeiro, faça uma autoavaliação e reflita sobre suas paixões e interesses. Uma boa pergunta seria: "O que amo fazer nas horas vagas?", "O que me motiva e me inspira?". Você pode perceber que gosta de passar tempo com crianças e se sente realizado ao ajudá-las a aprender e crescer. Isso pode indicar um amor pelo trabalho com jovens.

Segundo, identifique seus talentos e faça uma relação de suas habilidades e pontos fortes. O que naturalmente você sabe fazer? O que você desenvolveu ao longo do tempo? Por exemplo, se você sempre foi bom em explicar conceitos complexos de forma clara, isso pode ser um talento valioso a ser explorado, especialmente em áreas como ensino ou consultoria.

Em terceiro, identifique necessidades no mundo ao seu redor e na sociedade de forma geral que mais chamam sua atenção e que mais provocam você a ponto de gerar até raiva quando você não a vê solucionada. Talvez a lacuna tecnológica em comunidades carentes possa despertar você!

Outro fator importante é você conseguir identificar o que dentro da sua vida é uma oportunidade financeira. Que tipos de atividades ou habilidades podem ser monetizadas ou quais oportunidades existem para você ganhar dinheiro com suas paixões e habilidades? Talvez, se você é apaixonado por culinária e há demanda por comida saudável em sua área, você pode considerar abrir um negócio de refeições saudáveis ou dar aulas de culinária.

Por fim, observe onde essas quatro áreas se juntam. Compare suas respostas para esses quatro campos e veja onde eles se cruzam. Por exemplo, se você ama animais, é bom em comunicação e percebe a necessidade de conscientização sobre adoção de animais, você pode se envolver em campanhas de adoção.

Agora é você, literalmente, ir fazendo testes e experimentando o que melhor se encaixa com você! Esse é um processo contínuo de aprendizado e ajuste!

Realizar esse processo é bem interessante, contudo, sem criar e desenvolver a sua mentalidade, você poderá não ter a resposta como gostaria. A importância de vivenciar o que tem sido compartilhado até aqui neste livro é imprescindível para o seu sucesso de entender e viver o propósito de sua vida!

ANTES DE CONCLUIR E QUE VOCÊ PRECISA MUITO LER

Cresci em um lar bem normal de classe média, com meus pais separados, morando na casa de minha vó com minha mãe, meu irmão e duas tias. Tivemos dificuldades na vida, vivemos coisas boas também. Tivemos que sair de nossa casa alugada às pressas por determinação do proprietário e, na mesma época, ganhamos um carro novo no sorteio no maior *shopping* de Fortaleza, que ajudou a comprar uma casa.

Conheci o álcool em festas da família, dentro de casa, e na realidade não entendia que o vazio que sentia nunca poderia ter sido preenchido com coisas externas.

Procurei preencher o vazio com amigos, conhecimento, namoradas, pessoas, *status*, dinheiro, fama, sexo, drogas e cheguei ao ponto de me perder completamente na busca de me encontrar.

Mas foi perdendo tudo na vida que encontrei o que mais era importante. Foi exatamente quando percebi que, de muitas formas, poderia ser ajudado, mas não teria a vida resolvida.

Foi ao encontrar algo maior do que eu e, na realidade, Alguém maior do que eu, que encontrei o verdadeiro sentido de existir. Foi então, que tive um dos maiores aprendizados da minha vida:

**"QUANDO PAREI DE OLHAR PARA MIM,
FOI QUE MEU PROPÓSITO EXISTIU".
(JORGE COELHO)**

Ao me encontrar com Jesus, minha vida mudou. Alguém que quase por várias vezes morreu, seja por overdoses ou por entrar em coma devido ao uso de substâncias químicas, alguém que esteve muito dentro das antigas "favelas", e hoje "comunidades carentes", vive uma vida COM Propósito, DE Propósito e PARA um Propósito.

Minha vida é viver tudo o que nasci para fazer. Já há muito tempo vivo assim! Imagina você viver o que você mais ama, trabalhar com o que você mais ama, ajudar pessoas a encontrarem o que elas mais amam e nasceram para viver.

Imagine viver sabendo que tudo o que você viveu no passado contribuiu para você ser tudo o que é hoje, no aqui e agora! Imagine viver cada dia com a mesma empolgação de todos os outros e não ter diferença entre semana ou fim de semana!

A força para caminhar, a alegria de viver, a energia para realizar e a certeza sobre para onde ir surgiram quando assimilei o que NASCI PARA SER. No entanto, tudo isso de fato se concretizou em minha vida quando passei a compreender a vida não com os meus olhos, mas com os olhos Daquele que me criou.

Posso dizer com muito orgulho quem sou. Sou filho de Deus, esposo de Roberta, pai de Joe, pastor da Toque do Céu Church, teólogo e psicólogo clínico com pós-graduação em sofrimento psíquico, dependência química e codependência emocional, com ênfase em propósito de vida e sentido da existência. Sou palestrante, ajudando pessoas a se encontrarem consigo mesmas e viverem o propósito de suas vidas e tudo o que nasceram para ser, fortalecendo o amor ao próximo por meio de ações em prol dos menos favorecidos e marginalizados da sociedade.

Saber quem você é não consiste em arrogância, mas em canalizar seu tempo, esforços, inteligência, dons e talentos para o lugar certo, para as pessoas certas e com o propósito certo.

> "A MAIOR DÁDIVA NA VIDA É PODER VIVER
> A MAIOR QUANTIDADE DE ANOS AQUI NA TERRA
> VIVENDO SEU PROPÓSITO DE VIDA."
> (JORGE COELHO)

10

CONCLUSÃO: ABRAÇANDO A JORNADA DO PROPÓSITO DE VIDA

Ao longo deste livro, exploramos profundamente o tema do propósito de vida e as diversas facetas envolvidas em sua busca e realização. Desde entender o significado do propósito até identificar os obstáculos que podem surgir no caminho, passando pela importância da autoconsciência, do autodesenvolvimento e da resiliência emocional, mergulhamos em um universo de reflexão e descoberta pessoal.

Como Viktor Frankl afirmou de forma tão poderosa, "quando uma pessoa não encontra um propósito dentro de si mesma, ela o procura em outro lugar. Isso pode ser na carreira, na família ou até mesmo em fanatismos. No entanto, o verdadeiro propósito só pode ser encontrado olhando para dentro de si mesmo e para o significado que podemos criar em nossas próprias vidas".

Nessa jornada, encontramos inspiração em grandes pensadores e psicólogos que nos deixaram preciosas lições sobre como viver com propósito e significado. Desde Carl Jung, que nos ensinou sobre a importância da integração das sombras para alcançar a plenitude, até Carol Dweck, que nos mostrou como uma mentalidade de crescimento pode nos capacitar a enfrentar desafios e buscar nosso potencial máximo. Cada citação e conceito contribuíram para nossa compreensão do que significa viver uma vida com propósito.

Por meio de exemplos de minha história de vida, exemplos do cotidiano e exercícios práticos, exploramos maneiras de superar obstáculos como o medo, a insegurança e o perfeccionismo, que tantas vezes nos impedem de seguir em frente em direção ao nosso propósito de vida. Aprendemos a abraçar o fracasso e a adversidade como oportunidades de aprendizado e crescimento e a cultivar a gratidão e a aceitação como pilares fundamentais de uma vida significativa e realizada.

No entanto, esta jornada não termina aqui. Assim como a busca pelo propósito de vida é uma jornada contínua, este livro é apenas o começo de uma jornada pessoal e transformadora. Como disse Albert Einstein, "a mente que se abre a uma nova ideia jamais volta ao seu tamanho original". Que este livro tenha aberto sua mente para novas possibilidades e perspectivas, e que você siga em frente em sua jornada com coragem, determinação e gratidão.

Agora, convido você a dar o próximo passo em sua jornada pessoal em direção ao propósito de vida. Explore nosso curso *online* exclusivo, em que você encontrará ferramentas, técnicas e orientações práticas para ajudá-lo a descobrir e viver seu propósito de vida de forma autêntica e significativa. Além disso, fique atento para os próximos livros e recursos que estarão disponíveis em breve, trazendo ainda mais *insights* e inspiração para sua jornada.

Lembre-se: sua vida é uma jornada única e preciosa, e você tem o poder de moldá-la de acordo com seus valores, paixões e propósito. Que este livro seja apenas o começo de uma jornada extraordinária em direção a uma vida plena de significado e realização. Obrigado por embarcar nesta jornada comigo.

Que sua jornada seja repleta de descobertas, crescimento e alegria!

Com gratidão,

Jorge Coelho